公共の利益とは何か

公と私をつなぐ政治学

松元雅和

日本経済評論社

はしがき

　本書は，筆者が本務校で担当している専門基幹科目「政治学」のテキストとして執筆したものである．また，筆者がこれまで他大学在任中に「政治学概論」あるいは「政治学基礎」として担当した講義をもとにしている．いずれも総論・概説的な位置づけの科目ということで，政治学のベーシックな内容を踏まえながらも，専門分野ならではのアカデミックな議論を盛り込むことに注意を払った．紙幅の都合により駆け足になってしまった部分も多いが，本文中で関連文献を適宜示したのでさらに読み進めてほしい．

　本書を執筆することになったとき，最初は怯む気持ちも大きかった．政治学の概説書は現在も毎年のように数多く刊行され続けているし，その多くは名だたる研究者が自分の専門範囲を担当して共著で執筆している．政治学という広大な領域を1人でカバーすることは分不相応にも思えた．その結果，ある程度開き直って，自分なりの問題関心を前面に押し出すことにした．網羅的であるというよりも，むしろ特定の切り口から個々のトピックのなかに現れる政治の姿を捉えようとしたのである．

　本書のキーワードは「公共の利益」である．その中身について，詳しくは本論で展開するが，筆者が専門とする政治哲学分野の研究・教育に携わるなかで，政治に関して取り上げるべき核心的問いのひとつが公共の利益であることに思い至り，自分なりにその論じ方を探ってきた．そうした視点から，これまで体系化されてきた政治学のベーシックな内容を再構成してみたらどうだろうかというのが，本書の着想の原点にある．その結果については，実際に使用する読者諸氏の判断を仰ぎたい．

　本書は，学生あるいは研究者としてこれまで政治学に関わってきた筆者なりの経験の産物であり，数えきれない方々より数えきれない場面でいただい

た知見によって成り立っている．関係者すべての名前を列挙することは叶わないが，ここでは，本書執筆という貴重な機会を与えてくださった岩崎正洋先生，学部時代より今日まで折に触れて温かいお心遣いをいただいている萩原能久先生に深謝申し上げたい．また，野田遊先生，宮脇昇先生には，本書の内容に関して専門的見地から有益なコメントをいただいた．

　すぐにひとつのことに没頭しがちな自分を，いつも寛大に見守ってくれる妻智恵に感謝したい．また人生の中間地点に差しかかり，これまで自分を支えてくれた両親の有難さが身と心に染み入るようになった．本書を父博志，母弘子に捧げる．

2021 年 2 月

松 元 雅 和

目次

序章
政治学をどう学ぶか

1. 学問的位置づけ

(1) 学問としての政治学

「政治」については，誰もが一家言をもっている．首相の動静，大臣の失言，野党の批判，隣国との対外関係など，日々の報道のなかで私たちが政治を見聞きしない日はない．こうした報道に触れながら，私たちは喝采を送ったり，溜息をついたりする．これほどまでに身近な政治であるが，いざそれを「学問」しようとすると，はたと思い至る．「政治学」とはいったい誰のために，何のためにある学問なのだろう．それを学ぶことで，誰にとってどのような良いことがあるのだろう．政治学以外の学問分野と照らし合わせながら考えてみよう．

リンゴの実が木から落ちることも，月が地球の周りを回ることも，私たちにとって周知の事実である．しかしその現象を見ただけでは，すべてを知ったことにはならない．私たちの目に映るのは現象，つまり物事の現れであって，その奥底にはそれを支えている法則やメカニズムが，いわば氷山の見えない部分のように控えているのだ．リンゴの落下や月の公転といった周知の事実の背後に控えているのは，イギリスの科学者アイザック・ニュートンが発見した，すべての物体は互いに引き合うという万有引力の法則である．現在では，この発見も物理の教科書的知識として標準的に教えられている．

同じことは政治の世界についても当てはまる．私たちは日々の報道で，選

挙で○○党が勝ったとか，内閣支持率が下落したとかといった諸々の政治現象を見聞きする．しかし知りたいのはその先，現象を支えている氷山の見えない部分なのだ．例えば政治学では，選挙制度と政党システムの関連を説明するデュベルジェの法則が知られている［10章2（1）．本書では以下，本書内を参照する際にこの括弧を用いる］．個々の選挙結果，与野党関係の変容，派閥の盛衰といった現象もまた，こうした背後の法則やメカニズムに支えられて生じている．こうして身近に見聞きする政治現象の表層の奥底に分け入ることが，政治の世界を学問的に見るということだ．

　学問は，物事の成り行きを体系化することで，私たちに世界を「見る目」を示してくれる．こうしたフィルターを通して世界を眺めることで，類似の現象がまったく異なる現象に見えてきたり，あるいはまったく異なる現象が類似の現象に見えてきたりする．このように，（もちろんそれも大事なのだが）日々の政治報道について意見や感想を述べあうだけでなく，日常的に目にする政治現象の奥底にある，さらに一般的な知識を得ることが政治学という営みの中心にある．本章では導入として，その「学」の部分にさらにスポットを当ててみたい．

（2）　社会科学としての政治学

　その名のとおり政治学は，「政治」現象を分析することを目的とする社会科学の一分野である．社会科学とは，法学，政治学，経済学，社会学などを含み，自然とは異なる「社会」現象を分析することを目的とする学問分野の総称である．おおむね，小中学校の教育課程でいう「社会科」と重なり合う部分が多い．社会科学が研究対象とする法律や政治や経済は，いずれも人間が社会を形成するところに生まれる．この点で社会科学は，化学や生物学，物理学など，広い意味で人間世界とは区別される自然世界を研究対象とする自然科学とは異なっている．

　それでは，社会科学が対象とする「社会」とは何か．この問いについては，社会学という専門分野ができるほどであるが，ここではさしあたり，次のよ

うな一般的な定義を採用しておこう——すなわち社会とは，持続的な相互行為ないしコミュニケーション行為で結ばれる，組織や境界をともなった「複数の人びとの集まり」である（富永，1995：13-17）．ここで，社会は2つの構成要素から成り立っている．第1に，人間が複数存在していること，第2に，複数の人間が何らかの集まりを形成していることである．家族は社会であり，友人関係も社会であり，そして国家も社会である．

　人間が複数存在し，何らかの集まりを形成することから，はじめて生じる現象がある．例えば，身近な近所付き合いにあるように，何らかのルールが生まれたり，互いの不足を補うために持ち物の交換が始まったりするだろう．これらは法律や経済のごく原初的な形態であると見なせる．社会科学とは，こうした複数の人間の集まりにおいてはじめて生じる多種多様な現象を解明するための学問分野である．このように，社会科学は人間そのものよりも，人間のあいだの関係性に焦点を当てている点で，文学や哲学，言語学などの人　文　学からも区別されている．

　実は政治も，複数の人間の集まりにおいて特有に生じる，広い意味での社会現象のひとつである．だからこそ，政治を対象とする政治学は社会科学の一部に数えられるのだ．人間が複数存在し，何らかの集まりを形成することから，何らかの法的関係や経済的関係と同時に，何らかの政治的関係が生じてくる．例えば，マンションが建設されて居住が始まれば，区分所有者による管理組合が生まれ，理事会や総会でゴミ出しのルールや設備の修繕について意思決定が行われるようになるだろう．政治の現場として想定される国や自治体も，こうした社会関係の延長線上にある．

　まとめると，政治学とは，社会科学の一分野で，社会世界において生じる政治現象の法則やメカニズムを解明する学問分野である．次の問題は，ここでいう「政治」とは何かである．法律や経済とは異なる，政治に固有の現象とは何だろうか．私たちが政治に関わるとき，学問的考察に値するような，どのような興味深い現象が生じることになるだろうか．他の学問分野も同様であるが，学問の対象をどのように掴むかは，それ自体がその学問分野の中

心的な論点になる．政治学の対象である「政治」については，次章で1章を割いて詳しく論じる．

2. 政治学の学び方

(1) 政治学の分野性

政治現象に関する体系的な知識を探る政治学が生まれたのは，はるか紀元前に遡る．誰もがその名前は聞いたことがあるだろう，古代ギリシアを代表する哲学者プラトンやアリストテレスは，同時に最古の政治学者でもあった．学園アカデメイアを開いたプラトンは主著『国家』を著し，その弟子で学園リュケイオンを開いたアリストテレスは『政治学』を残した（アリストテレス，2001；プラトン，1979）．それ以来，政治学は最古の学問分野のひとつとして，無数の蓄積を積み上げてきた．学問の世界広しといえども，紀元前から連綿と続く分野はそれほど多くはない．

これは，他の社会科学と対比してみればよくわかる．例えば「経済学の父」は，イギリスで産業革命が花開く黎明期にあった18世紀のアダム・スミスに帰せられるし，「社会学の父」は，ヨーロッパで階級対立や社会問題が深刻化する19世紀のオーギュスト・コントに帰せられる．政治学の誕生がこれらの学問分野よりもはるか昔に遡るということは，人間にとって政治という営みがそれだけ持続的であり根源的であったことを示している．これは，近代まで経済や社会という営みが存在しなかったという意味ではなく，人間の社会生活における比重や意識の問題である．

その一方で，他の学問分野が自立・発展するなかで，政治学には独自の学問的ディシプリン（規律・訓練）が欠損しているとも言われる（大嶽・鴨・曽根，1996：1章1節）．すなわち，政治について探求するための，これぞ政治学と呼べるような固有の方法や研究枠組みに乏しいのである．それは，日本の大学教育における政治学の位置づけにも表れているかもしれない．その内容は社会科の公民分野や政治経済といった小中高の教育課程に組み入れ

られているが，そのものズバリ「政治学」科目が設置されるのは大学からで
あるし，そもそも日本には「政治学部」という名前を冠した学部は現存しな
いのである．

　それでは，政治学はどのようなディシプリンのもとで研究・教育されてい
るだろうか．第1のアプローチは，政治を制度やルールの観点から捉えるこ
とである．すなわち，政治は人間が社会関係を営むうえでの枠組みとして理
解され，その特徴や多様性が分析される．この場合，政治学は統治機構の理
念や構造を論じる憲法学や公法学に接近する．実際，日本の大学では政治学
が法学部の一学科に配置されることも多い．代表的な下位分野は，国際比較
を含む広義の政治制度論である（建林・曽我・待鳥，2008）．

　第2のアプローチは，政治を主体や過程の観点から捉えることである．す
なわち，政治は人間社会のなかに生じる現象のひとつとして理解され，その
なかで個々の政治主体が織りなす相互作用の動態が分析される．政治行動の
分析にあたっては，人間行動を科学的に解明する点で共通点をもつ心理学や
社会学に接近する．政治制度論の視点も念頭に置いて，制度と主体の影響関
係を解明する研究も進んでいる．代表的な下位分野は，投票行動や政策過程
などに注目する政治過程論である（伊藤・田中・真渕，2000）．

　第3のアプローチは，政治を役割や範囲の観点から捉えることである．す
なわち，何を政府の仕事に含めるべきか／べきでないかといった問題意識か
ら，政治という営みが他の社会活動と並行的に論じられる．この場合，政治
学は市場や民間部門と政府の機能的関係に注目する経済学に接近する．これ
は，多くの大学で政治学が経済学と一対になって政治経済学部に配置される
ことに反映されている．合理的選択理論やゲーム理論といった数理的手法を
共通言語として用いることも多い（浅古，2018；砂原・稗田・多湖，2020）．

(2)　本書の視点

　本書では，政治の世界を分析するための道具として，概念や言葉に注目す
る．筆者が専門とする政治哲学は，政治の世界を実体よりも観念の次元で捉

える．私たちは様々なレベルで政治に関与するなかで，一定のものの考え方を意識的・無意識的に使い回している．政治は実体の世界であると同時に観念の世界でもあり，それは実体の世界を頭のなかに再記述しつつ，実体の世界に対して一定の影響を及ぼす．そこで，概念や言葉の分析を通じて，私たちが政治をどのような営みとして心中に描いているか，またそれにどのような多様性があるかを見てみたい．

　本書全体を貫く政治を「見る目」は「公共の利益」である．この見方は，前述した古代ギリシアにおける政治学の最古典のなかで，すでに中心的テーマとして表れていた．かれらの想定では，そもそも政治という営みは，社会全体に配慮し，その利益を増進することを目的とする．そこで，政治学の原初的問いとは，いったいこの仕事に相応しい人物あるいは制度はどのようなものかということだった．アリストテレスは次のように言う——「およそ公共の利益を重んじる国制は端的な正しさに適った正しい国制である」（アリストテレス，2001：132）．

　アリストテレス自身がどのような国制を「正しい国制」と考えたかについては追々触れていこう［2章1（1）］．当時と現代では，人間も社会も技術もあまりにもかけ離れているため，かれらの出した答えが直接参考になるかはわからない．とはいえ，その答えほどに，政治学固有の問いが当時と異なっているわけではない．現代日本でも，政治家や公務員の職務規定として，「公共の利益をそこなうことがないよう努めなければなら」ず，「公共の利益のために勤務し」なければならないことが定められている［1章3（2）］．紀元前の政治学に遡る問いかけは，今なお私たちの問いでもあり続けているのだ．

　本書の構成は以下のとおりである．はじめに，政治学の基礎的概念として，「政治」「公共の利益」「自由主義」「民主主義」「権力分立」を取り上げる．続いて，具体的な政治制度や政治過程として，他のアプローチにおける成果や知見も取り入れながら，「議会」「執政部」「官僚」「選挙」「政党」「団体」を順次取り上げる．最後に，政治現象の空間的な重層性を念頭に置いて，「中央地方関係」「国際関係」を取り上げる．本書全体を通じて，政治学のベー

シックな内容を押さえつつ，その相互の関連を，公共の利益をどう実現するかという問題意識から読み取っていただければ幸いである.

第1章
政治とは何か
―集団による意思決定―

1. 政治とは何か

(1) 政治の意味

　政治の歴史は人間の歴史と同じくらい長いものである．日本史や世界史の教科書を開けば，その冒頭にあたる古代においてすでに，政治的営みの片鱗があることが見てとれるだろう．実際，紀元前のヨーロッパではプラトンやアリストテレスといった哲学者による政治学の最古典が著されていた［序章2 (1)］．そのときから現代まで，政治が飽くことなく人間にとっての関心の中心に置かれ続けていたとすれば，その持続力はやはり人間本来の性質に由来するのだと考えるほかない．

　政治とはいったい何をどうする営みなのだろうか．英語の「政　治」が，古代ギリシアで都市国家を意味する「ポリス」に由来していることはよく知られている．当時の政治の姿は，財産や奴隷を所有し，労働の負担から解放された自由人が共同体の行方を決定する営みだった．政治は，例えば対話や交換のように，ある主体が他の主体とともに，交互に支配し支配される共同事業である．そのことは，「国家は同質な者よりなる共同体であ……る」というアリストテレスの定義によって明快に示されている（アリストテレス，2001：364）．

　政治でないものとの対比から考えるとわかりやすいだろう．古代ギリシアにおいて，国家の領域は「家」の領域とは切り離されて理解されていた（ア

表1-1　公的／私的領域の概念連関

公的領域	国家	政治	自由	平等
私的領域	家	経済	必要	不平等

出典：アレント，1994：2章5節を要約．

リストテレス，2001：1巻3章）．前者が共同体の全体生活について思いを
巡らす公的領域であるのに対して，後者は生活に不可欠な需用を支えるため
の私的領域である．「オイコス」から派生した「家 政(オイコノミア)」は，時代を下ると
「経 済(エコノミー)」と呼ばれるようになる．政治の領域と経済の領域は，古典古代から
空間的断絶をともなうある種の対立概念として理解されていたということだ．
そこには，表1-1のような概念連関を想定することができる．

　ちなみに，政治によく似た言葉として「政 府(ガバメント)」や「統 治(ガバナンス)」があるが，こ
れらは「操舵」を意味するギリシア語を語源としている．近世ヨーロッパの
絶対王政期には，一国の統治術を論じる「統治の技法」論が一世を風靡した
（フーコー，2006）．当時の統治とは，国王の財産や領地としての国家を，一
国の長である国王がどのように経営・管理するかという意味であり，政治の
古典的意味からはかけ離れた私的領域の延長線上で理解されていた．ただし
その後，例えばエイブラハム・リンカーンの「ゲティスバーグ演説」（1863
年）にもあるように，統治は市民を主体とする政治行為一般としても用いら
れている．

　日本では，「まつりごと」という音の由来から，祭政一致の伝統に結びつ
ける理解が知られている．こうした政事＝祭事説に対して，江戸時代の国学
者本居宣長は，「政 事(まつりごと)」の起源は「奉仕事(まつりごと)」であり，もともとは臣下が主君
に対して職務を奉仕することにあると解釈した（丸山，1996）．古代ギリシ
アにおける「政治」が水平的関係にあり，近世ヨーロッパにおける「統治」
が下向きの垂直的関係にあるとすれば，ここでの「政事」は上向きの垂直的
関係としてイメージすることができる．宣長説の是非もあるものの（成沢，
2012），日本における政治理解の一面と言えるかもしれない．

(2)　集合的意思決定

　語源の話はこのくらいにして，現在の身近な社会生活を見直してみよう．それでは，現代の私たちにとって「政治」とは何か．私たちが報道などから一般的にイメージする政治とは，首相や大臣を含む政治家が国会や内閣に集まって何かをしている，といったものだろう．確かに，政治家の職業は政治であり，それで生計を立てている．すなわち，パン屋がパンを焼き，靴屋が靴を作るように，私たちが知りたいと思う政治の具体的な姿は，職業政治家が国会や内閣でしている仕事に現れている．さてそれでは，政治家はそこで何をしているのか．

　具体的に，国会や内閣がどのような場所であり，そこで政治家がどのような活動をしているかを考えてみよう．国会は立法機関であり，法案を法律にするのが仕事である．国会が審議する法案には，政治家が作成する議員提出法案と官僚が作成する内閣提出法案の 2 種類がある．多くの場合，内閣が法案を国会に提出することから始まり，委員会による審査・採決，本会議による審議・採決を経る．同じ過程は両院で繰り返され，両院の可決をもって法律として成立し，成立後は主任の大臣の署名および首相の連署のうえ，官報で国民に公布される．

　こうした政治の営みを一言で言い表すことは難しいが，ここではさしあたり，それを集合的意思決定として定義してみたい．この定義には「集合的」と「意思決定」という 2 つの要素が含まれている．確かに，人間は刻一刻と，意思決定を行っている——今朝は何時に起きる，何色の服を着る，朝ご飯を何にする，等々．しかしもちろん，これらは政治ではない．政治とは，こうした意思決定を，国や都道府県，市町村など，何らかのまとまりを構成する集団単位で下そうとするときに生じるのだ．法治主義のもとで，こうした意思決定は法律や条例などのルールとなって私たちを拘束する．

　とはいえ，集団単位で意思決定を下すことは，言うほど簡単なことではない．なぜならそこには，多様な意見をもった複数の人間が存在しているからである．例えば，消費税を増税するかどうかが政治の争点になっているとし

よう．ある人は財政健全化の観点からそれに賛成し，別の人は国民の生活負担の観点からそれに反対する．意見がバラバラだからといって，増税する／しないの決断を投げ出してしまうわけにはいかない．政治の必要性は，このように本来単一ではないものを，どうにかして単一にまとめ上げるときに生じるわけだ．

　逆に考えてみよう——政治がなければ，社会生活はどうなるだろうか．増税に賛成の者は消費税を支払い，増税に反対の者は消費税を支払わない．そのような状況のもとでは，早晩社会は両者のあいだで分裂し，集団が集団のかたちを維持し続けることすらままならなくなるだろう．かといって，意思決定それ自体を回避すれば，意思決定を下せない人間がその場から身動きがとれなくなるように，意思決定を下せない集団もその場から身動きがとれなくなる．私たちの社会生活にとって，意思が分裂するのも決定を回避するのもどちらも魅力的な選択ではない．

　私たちは，集合的意思決定のためのどのような仕組みをもっているだろうか．例えば，構成員が投票し，多数決をとるというのがひとつの方法だろう．日本の国会における本会議での採決は，最終的にこの「数がものを言う」方式をとっている．ほかにも，権威のある者が決める，知識のある者が決める，等々の方法もあるかもしれない．ともかく，成り行き任せにしたところで，バラバラな意見が自ずと収斂する保証はまったくない．政治とはそもそも，多様な意見を単一の決定にまとめ上げるという，自然に生じないものを人為的に生じさせる，本質的に厄介な営みなのである．

2. 本人 - 代理人関係

(1) 「国民の厳粛な信託」

　前節で見たように，政治は社会生活を営むうえで，必要不可欠であるにもかかわらず，本質的に厄介な営みである．せっかく別の理由のために組織や集団に加入したのに，派閥争いなどの面倒な政治事に巻き込まれて嫌気が差

した経験をもつ人もいるだろう．こうした政治事それ自体を忌避し，いわゆるノンポリに徹する人も少なくない．もちろん，何事にも向き不向きや好き嫌いがあって当然である．しかし現代の社会では，それだけでは話が済まない特有の事情がある．なぜなら，私たちが住む民主主義社会とは，私たち一般人が政治の主役となって，意思決定を引き受けるような社会だからである．

　私たち一般人は，政治の営みをどのようにやりくりしているのか．たとえ一般人が主権者であり，集合的意思決定の究極の担い手だとしても，規模においても内容においても，複雑化した現代社会のすべての意思決定に関与できるわけではない．実際，毎年の国会では多い場合には100本近くの法律が成立しているが，そのうち私たちはどこまでの数をどこまで詳しく把握しているだろうか．もし一般人が政治の主役となって意思決定を引き受けようとすれば，私たちはその他の社会生活をほとんど犠牲にしなければならないかもしれない．

　代替案がひとつある．私たちは自分の手に余る状況に置かれたとき，自分にない知識と経験を備えた専門家を当てにするだろう．例えば，心身に問題を抱えたときには医者を頼り，裁判沙汰に巻き込まれそうなときには弁護士を頼る．同様に私たちは，集合的意思決定という，市民にとって負担の重い仕事を引き受けてもらうために，公職者を選出し，かれらに政治権力を委ねる．医療や法曹の世界と同様，政治の世界においても，その道の専門家を信頼することで委任関係が成り立っている．こうした枠組みは，一種の本人－代理人関係として記述できる（久米・川出・古城・田中・真渕，2011：序章）．

　本人－代理人モデルはもともと情報の経済学や組織の経済学のなかで発展してきたが，近年では様々な分野で応用されている．社会を本人と代理人の関係として捉えることの意味は何か．医者や弁護士の職務は，自分の患者や依頼人にとっての最善の利益を，医療や法曹の現場で実現することである．同様に，公職者の職務は，市民にとっての最善の利益を，政治の現場で実現することである．この職務を果たすことが専門家としての公職者の存在理由であり，公職者が市民の税金を使って一定期間雇われている根拠である．

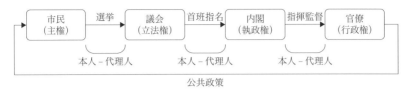

図1-1　国政における本人-代理人関係

　日本の国政に基づいて，図式的に示してみよう（図1-1）．出発点は，主権者であり，究極の本人であるところの市民である．市民は定期的な選挙を通じて，自分たちの1次的な代理人である議員を選出し，かれらに集合的意思決定としての立法権を委ねる．次に議会は，自分たちが決定した集合的意思を執行するための責任を担う内閣を，さらなる代理人として活用する．首相を首班として執政権を担う内閣は，各大臣のもとで集合的意思を実施する官僚を，さらなる代理人として指揮監督する．こうして形成された公共政策は，ふたたび究極の本人である市民のもとに還元され，その良し悪しが次の代理人を選ぶ際の評価材料となる．

　日本国憲法には，こうした委任関係を端的に示す核心的な一文がある．

　　そもそも国政は，国民の厳粛な信託（トラスト）によるものであつて，その権威は国民に由来し，その権力は国民の代表者がこれを行使し，その福利は国民がこれを享受する．（前文）

　信託あるいは信頼とは，社会的な複雑性の縮減メカニズムである（ルーマン，1990）．私たちは他人を信頼することで，社会生活において必要な取引費用を低減させる．例えば，バスやタクシーのなかで乗客が居眠りできるのは，突然事故を起こすことはないだろうという運転手に対する信頼があるからだ．同様に，私たちは集合的意思決定をその道の専門家に一定期間預けることで，仕事や家庭，趣味など，自分にとって本当に重要なことに注力して生活できる．医者や弁護士を頼る場合と同様に，私たちは専門家に対する信

頼に基づいて，本来主権者にとって虎の子であるはずの政治権力をあえて公
職者に委ねるのだ．

(2)　エージェンシー問題

　しかしながら，他人を信頼するということは，同時にその信頼が裏切られ
るかもしれないリスクを冒すということでもある（ルーマン，1990：33, 4
章）．そもそも，本人が代理人に仕事を委任するのは，自分にできないこと
を自分に代わって果たしてもらうためだ．こうした委任関係の本質として，
本人は代理人の資質や行動についてすべてを知りえないという情報の非対称
性がある．すると，本人と代理人のあいだには，後者が前者の手綱からある
程度自由になるスラック（緩み）の状態が構造的に生じうる．こうした状態
が引き起こす問題はエージェンシー問題と呼ばれる．

　ちなみに，経済学における本人 – 代理人関係は，本人も代理人もともに私
的利益の最大化を目的として合理的な手段を用いるという仮定に従って組み
立てられる（菊澤，2016：3 章）．それゆえ，代理人は隙あらば本人の利益
を犠牲にして自分自身の利益を最大化しようとする．ただし，本人 – 代理人
関係がすべてこの種の経済学的仮定に基づくわけではない．例えば，応用倫
理学の一分野である医療倫理や法曹倫理は，規範に導かれる別の人間観に従
って本人 – 代理人関係を記述する（赤林，2017；小島・田中・伊藤・加藤，
2006）．政治学がどちらの人間観に基づくかについては，次章で別途取り上
げよう［2 章 3］．

　エージェンシー問題についてもう少し詳しく見てみよう．第 1 に，モラル
ハザードと呼ばれる事態がある．直訳すれば「倫理観の欠如」という意味で，
代理人が委任どおりに行動しないことである．この場合の情報の非対称性は，
本人 – 代理人関係の形成後に生じる．代理人は本人の監視が届かないところ
で行動するため，そこで本人の意に反した行動をとることができる．はじめ
は自分の務めに応じて本人のために働く代理人も，そのうち両者のあいだの
スラックを悪用したい誘惑にかられる．一例として，従業員が外回り中に仕

事をさぼることを想定すればよい．

　第2に，逆選択と呼ばれる事態がある．本人は代理人の資質に関する十分な情報をもち合わせていないため，質の高い代理人と低い代理人を見分ける術がない．その結果，代理人に対する期待は両者の平均となり，質の高い代理人ほど割を食う．この場合の情報の非対称性は，本人－代理人関係の形成前に生じる．生物の世界でも商売の世界でも，通常は質の良いものが生き延び，そうでないものは淘汰される．ところが本人－代理人関係では，逆に「悪貨は良貨を駆逐する」事態が生じる．一例として，正当な評価を得られない真面目な従業員ほど辞めてしまうことを想定すればよい．

　本人と代理人のあいだのスラックを本人側で改善しようとするのは思いのほか大変である．そもそも，こうした煩わしさから解放されるために本人は代理人を雇ったのだ．代理人が悪さをしないかどうかを心配して四六時中見張っているなら，結局自分自身で仕事をするのとどれほど異なるだろうか．とはいえ，信頼を寄せて報酬を支払った代理人が，自分の意に反して行動することをただ傍観しているわけにもいかない．そこで本人は，スラックを締めなおすために監視策を設けようとする．

(3)　スラックの締め方

　スラックに対する監視策には事前と事後がある（McCubbins and Schwartz, 1984）．事前対策として警察巡回型監視がある．代理人が職務から逸脱していないかを，警察官のように日常的・抜き打ち的に検査することで，現在生じているスラックを発見すると同時に，今後生じうるスラックに対する警報を発する．あるいは，事後対策として火災報知器型監視がある．代理人の仕事に対して苦情が多発した場合，それをスラックの証拠と捉えて消防士のようにただちに対処する．相対的に，事前監視は本人の負担が重いが未然防止に優れ，事後監視は本人の負担が軽いが事後処理に留まる．こうした方法を通じて，本人は代理人に身を委ねながらもその手綱を絶えず締めなおすことができる．

　具体的に，図1−1に示した国政における様々な方策について考えてみよう．第1に，市民の代理人である議会に対しては，何よりも定期的な選挙が政治家の質を確認し，その業績を評価するための最大の機会である．定期的な選挙があるからこそ，政治家はつねに襟を正して本人である市民の意向から逸脱しないように気を配る．また，各選挙のあいだの政権担当期間には，与党に対しては野党が，逆に野党に対しては与党が相互に監視の目を光らせる．個々の政治家に対しても，政治資金規正法，あっせん利得処罰法などの規制によってあらかじめ腐敗の芽が摘み取られている．

　第2に，議会の代理人である内閣に対しては，衆議院が有する内閣不信任決議権が最大の牽制材料になる．議院内閣制において，執政権をもつ内閣は市民から直接選出されたわけではない．そこで内閣は，市民の直接の代理人である議会に対して責任を負い，不信任という最終カードを突きつけられながら職責をこなす．参議院が行う問責決議もまた，法的拘束力をもつわけではないが，もし可決されれば内閣に対する圧力となる．また，両院が有する国政調査権，衆議院の決算行政監視委員会，参議院の決算委員会・行政監視委員会など，監視機能に特化した仕組みもある．

　第3に，内閣の代理人である官僚に対しては，政治家がその本人となって行政機関を指揮監督することにより規律をはかっている．官僚の任命権は，実質的にはともかく公式的には各大臣が握っている（国家公務員法55条）．とりわけ，内閣人事局の設置以降，幹部職員について政治的関与の余地は大きく広がった．日本ではまだ一部自治体の導入に留まるが，海外では行政機関を外部から監視するオンブズマン（行政監察官）の制度も知られている．オンブズマンとは，スウェーデン国王が国内不在時に国王に代わって行政官を統制した「代理人」の意味である．

3. 公職者の職業倫理

(1) 複数本人問題

前節で見たように，今日の代議制民主主義のもとに生きる私たちにとって，政治とは本人－代理人関係のなかで集合的意思決定を行っていく営みだと捉えることができる．その意味で市民と公職者の関係は，他の専門職と同様に，委任関係を通じた一種の分業体制にある．とはいえ，政治という専門職をほかの専門職と類推することには，意義とともに限界もある．なぜなら，次の意味で政治の世界は医療や法曹の世界とは決定的に異なるからである．

第1節では政治の営みを集合的意思決定として定義した．集合的意思決定の本質は，意見の多様性と決定の単一性である．代理人としての公職者が相手にする本人としての市民は，病院や事務所に困って駆け込む患者や依頼人とは勝手が異なる．なぜなら，そこで公職者は数人，数十人ではきかない無数の市民からの委任を一手に引き受けているからである．政治の世界における本人－代理人関係は，他の専門職のような1対1の関係ではなく，1対多の関係にある．こうした構造から生じる様々な論点を，本書では複数本人問題と呼んでおこう（図1－2）．

1対1の関係にある場合，同一の代理人が，利害が対立する複数の本人からの依頼を同時に引き受けることは利益相反として認められない．代理人に課せられた役割は本人の最善の利益を追求すべきであるところ，もし複数の本人同士の利害が対立した場合，片方の利益を追求することは必然的にもう片方の利益を犠牲にしてしまうからである．ところが，1対多の関係にある場合，公職者は利害が対立する複数の市民に向き合わざるをえない．他の専門職とは異なり，そもそも利益相反の状態から話が始まるところに，政治における本人－代理人関係の固有の難しさがある．

複数本人問題は，他の本人－代理人関係にはない以下2つの要素を，政治の世界に持ち込むことになる．第1の要素は，意思決定の範囲と影響力がよ

図 1‒2　複数本人問題

り大きいことである．公職者がその利益を代表すべき相手は，一国の国民あるいは一自治体の住民のように広範に及ぶことから，その一部だけ納得すればよいものではない．全員の納得を得ることは困難であるとしても，できるだけ多くの本人の納得を得られるような意思決定を目指さなければならない．ここから，集合的意思決定における公共性の問題が生じる［2 章 1 (2)］．

　第 2 の要素は，意思決定に対する反対者を抱えることである．複数本人の意見がまったく同一であるはずもないし，国政のように規模が広がれば広がるほどその多様性は大きくなる．結果的に，代理人が何かを決定すれば，ほとんどつねに賛成者も反対者も生じることになる．本人が 100% 納得して代理人の決定を受け入れることが構造的にありえない以上，政治の世界では，最後まで反対する本人に対して，無理にでもその決定を受け入れてもらう必要がある．ここから，集合的意思決定における権力の問題が生じる［5 章 2 (1)］．

　他の政治学の教科書でも，政治現象には公共性と権力の 2 側面があると指摘されてきた（川崎・杉田，2012：1 章；佐々木，2012：1 部 2 章；新川・大西・大矢根・田村，2017：1 章）．本章の議論に照らし合わせれば，これらはいずれも，複数本人問題から派生して，政治の世界における本人‒代理人関係に内在していると見ることができる．政治という営みには，意思決定を通じて全体の利益を実現するという公共的側面と，受け入れがたい決定を受け入れさせるという権力的側面が，「ヤヌス神の双面」のようにつねに併存しているのだ（デュヴェルジェ，1967：序論）．

　双面のどちらが前方を向くかは様々である．例えば，1 人が決定し，ほか

の全員が従うだけの独裁国家であれば，民主主義国に比べて公共的側面は薄れ，権力的側面が前面に現れる．民主主義国のなかでも，多数決による効率的な政治運営を重視する多数決型よりも，国内の様々な意見をもとに合意形成をはかるコンセンサス型の方が，公共的側面の比重がより高くなる［4章2 (2)]．ともあれ，こうした複数の政治体制は，機能的に見ればいずれも，複数本人問題に対処するため，公共性と権力の両側面を使い分ける政治的工夫の一種である．

(2) 「全体の奉仕者」

　さてそれでは，複数本人問題は，政治の専門家である公職者に対して，どのような特有の職業倫理を課すだろうか．その鍵は，「すべて公務員（パブリックオフィシャルズ）は，全体（ホールコミュニティ）の奉仕者であって，一部の奉仕者ではない」という日本国憲法の規定にある（15条2項）．注釈書によれば，ここでいう「公務員」とは，広義で国または公共団体の公務に参与することを職務とする者の総称であり，国家公務員・地方公務員のみならず，国会議員・地方議会議員をも含むものと解すべきだとされる（宮澤，1978：218）．要するにこの条文は，政治家や官僚，公務員など広義の公職者が，職務の遂行にあたって何をなすべきか，その職業倫理の大枠を規定したものである．

　医療や法曹の世界に目を転じると，それぞれの世界に相応しい職業倫理が専門家に課せられる．例えば医療倫理については，医学の父ヒポクラテスに倣った「ヒポクラテスの誓い」が有名であるし，同様に法曹倫理についても，弁護士が職務上知りえた秘密を厳守するといった職務規定がある（赤林，2017：7章；小島・田中・伊藤・加藤，2006：3章）．これと同様に，政治の世界における公職者には，複数本人の一部ではなく全体に対して奉仕するという職業倫理が課されている．さてそれでは，公職者は具体的に何をどうすれば全体に奉仕したことになるだろうか．

　国会議員の職業倫理を規定した「政治倫理綱領」には，次のようにある．

　われわれは，全国民の代表として，全体の利益の実現をめざして行動することを本旨とし，特定の利益の実現を求めて公共の利益をそこなうことがないよう努めなければならない．

　また，国家公務員法や地方公務員法には次のようにある．

　すべて職員は，国民全体の奉仕者として，公共の利益のために勤務し，且つ，職務の遂行に当つては，全力を挙げてこれに専念しなければならない．（国家公務員法 96 条）

　すべて職員は，全体の奉仕者として公共の利益のために勤務し，且つ，職務の遂行に当つては，全力を挙げてこれに専念しなければならない．（地方公務員法 30 条）

　こうした条文から読み解くに，全体の奉仕者であるということは，公共の利益の実現を目指して職務を遂行することを意味するようだ．公共の利益に関して日本国憲法に明示的な規定はないが，類似概念として，幾つかの条文で人権制約原理としての「公共の福祉」が用いられている（12，13，22，29条）．戦後憲法学のなかで，この概念は人権を外側から制約する原理ではなく，人権相互の衝突を調整する原理であるという理解（一元的内在制約説）が通説となってきたが（宮澤，1978：197-204），その妥当性については異論も出されている（長谷部，2018：5 章 2 節）．

　ともあれ，ここで問題の本質であるところの公共の利益が，「○○は全体の奉仕者に相応しい」という積極的な職業倫理を示す言葉として，具体的に何を意味するのかについては必ずしも明確ではない．むしろ法解釈において，上に挙げた条文は，公務員の政治的行為の制限，労働基本権の制限など，「○○は全体の奉仕者に相応しくない」という消極的な文脈で用いられることが大半である．しかし，職業倫理のネガティブリストを列挙されても，公職者

が何をどうすれば全体の奉仕者として公共の利益のために勤務することになるのか，具体的な行為指針が示されたことにはならない．

さらに厄介なことに，その内容が不明確なまま，文言だけが独り歩きしている現状もある．例えば，自民党が 2012 年に発表した憲法改正草案では，現行憲法上の「公共の福祉」の文言が，全体にわたって「公益及び公の秩序」に改定されている．同草案の Q&A では，通説を排し，人権とそれ以外の価値の衝突の場合でも人権を制約しうることを明らかにするための改定であるという（自由民主党，2013：13）．とはいえ，このように表現を改めたところで，肝心要の「公共の利益」の意味内容が定まっていなければ，新たな解釈問題を生じさせるだけだろう．もちろん，その意味内容を解明するのは憲法学のみならず政治学の重要課題でもある．

公共の利益に関する理解を深めることには，公職者の職業倫理を紐解く以上の意義もある．現代の代議制民主主義のもとで，代理人である公職者が実現を求められている公共の利益は，本人である市民の利益と深く関わっているに違いない．公職者が全体の奉仕者として公共の利益のために勤務しているかどうかを知るためには，そもそも市民の利益が何であり，どうすれば実現されるかを知る必要がある．こうした問いが，本書を貫く基底的関心となっている．次章ではまず，この一見したところ明白な，しかし実は謎に満ちた概念それ自体についてさらに考察を進めたい．

第2章
公共の利益
―奉仕する全体はどこにあるか―

1. 公共の利益とは何か

(1) 政治学と公共の利益

　前章で見たように，政治の世界では，公共の利益をいかに実現するかが，政治家や官僚，公務員など広義の公職者の職務規定のなかで決定的な意味を帯びている．ところで，プラトンの『国家』やアリストテレスの『政治学』といった，紀元前に遡る政治学の最古典ではすでに，どのような人物あるいは制度が公共の利益に資するかが議論の中心にあった［序章2 (2)］．「全体の奉仕者」の中身として，現代日本の公職者に求められる職業倫理を見定めるという課題は，黎明期の政治学のなかですでに中心的テーマだったのである．

　当時の古代ギリシアといえば，ポリス（都市国家）を単位とした人類最古の民主主義の政治が花開いていたことで知られている．しかしながら，民衆裁判所による死刑宣告によって師匠ソクラテスを失ったプラトンは，民主主義を疑問視し，「国における一部の特定の事柄のためでなく，全体としての国家自身のために，どのようにすれば……最もよく対処できるかを考慮するような知識」を（プラトン，1979：285），もっとも知恵のある者が支配する哲人王の政治に見出した．こうして古代ギリシアは，民主主義の発祥地であると同時に，代表的な反民主主義論も生み出した．

　プラトンの弟子アリストテレスは，経験と観察を重視しながら，古今東西

表2-1 アリストテレスの政体区分

	1人による統治	少数者による統治	多数者による統治
公共の利益に適う統治	王政	貴族政	「国制」
公共の利益に背く統治	僭主政	寡頭政	民主政

出典：アリストテレス，2001：3巻7章を要約．

　の政治体制に関する知識を収集・整理し，そのなかから最善の政体に関する議論を展開した（表2-1）．はじめに，政体は統治者の数に応じて，王政・貴族政・民主政の3種類に分かれる．次に，政体は統治の質に応じて，公共の利益に適う／背く統治の2種類に分かれる．こうして6つの政体が区別されるが，寡頭政と民主政の混合政体である「国制」では，少数の富裕者と多数の自由市民が同時に参与することによって，公共の利益に適う統治を実現することができる（アリストテレス，2001：4巻8章）．

　アリストテレスの政体論は，若干形を変えて歴史家ポリュビオスに引き継がれ，古代ギリシアに代わって世界史の主役に躍り出た古代ローマの政体に投影された．ローマは，最初ポリスとして誕生したが，イタリア半島を統一し，その後も領土拡大を続けるなかで，王政・貴族政・民主政のそれぞれの要素を独自に混合し，閉鎖的ポリスに代わる柔軟で安定的な政治体制を構築していった．共和政ローマの末期，独裁者カエサルによる政体の動揺に立ち合った政治家キケロは，元老院を中心として各階層が協調する混合政体の伝統こそが公共の利益に適う統治であると説いた（キケロー，1999a：88-90，104）．

　カエサル暗殺後の騒然とするなか，生命の危険を感じつつ実子への書簡の形式で市民的義務について綴った著作で，キケロは政治家のあるべき姿を次のように語っている．

　　もちろん，国事を司ろうという人々はプラトーンによる二つの教えを胸にとめておくべきである．一つは，市民に有益なことを保護すべく，何をするにもすべてはこれを目指し，自己の利益を忘れること，いま一つ

は，国家全体に配慮し，一部を保護する一方で他を見捨てぬようにすること，である．（キケロー，1999c：178）

　キケロの著作は，ルネサンス期のイタリアで写本が再発見されて以降，ヨーロッパで共和主義思想の源となってきた．本書との関連では，命令権を有する官職者の職務として，「国民の安全が最高の法律でなければならない Salus populi suprema lex esto」という法諺を残している（キケロー，1999b：276）．ラテン語の「サルス」は健康や安寧を意味する言葉で，その後時代を下って，日本国憲法の「公共の福祉」概念に連なっているとも言われる．本書がこれから跡づけようとする公共の利益をめぐる思想や言説は，もとを辿ればこうした紀元前の著作に行き着くのである．

　これまで政治学では，「公共性」について様々に論じられてきた（齋藤，2000；山脇・押村，2010）．それに対して本書は，これらの知見を踏まえつつも，「公共の利益」に焦点を絞っている．公職者はいったいどうすれば公共の利益を実現したことになるのだろうか．この問いに答えるためには，「公共」とは何であり，「利益」とは何であり，両者が組み合わさるとどうなるかを考える必要がある．本章では以降，この概念が政治学のなかで，あるいは具体的な法律や制度のなかで，複数の意味で用いられてきたことを整理しつつ考察してみよう．

(2)　「公共」と「利益」

　はじめに，「公共」とは何だろうか．「公共交通機関」や「公共の電波」といった表現が示しているように，公共あるいは公共性とは，私だけではなく私たち皆のものということである．例えば，電車やバスは私たちがともに利用する交通機関であり，自家用車に乗るときのように車中で大音量を鳴らしたり自由に飲食したりすることはできない．あるいは，テレビやラジオは不特定多数に向けられた放送であり，手紙や電子メール，SNS のように私信を送るような内容には相応しくない．私たちは社会空間の一部をこうして他

人と共有しており，その場その場に応じた公共的な振る舞いが要求される．

　次のように説明できるかもしれない（デューイ，2014：22-23）．例えば，今日の晩御飯の献立を決めるときのように，意思決定が自分自身にだけ影響がある場合に，その決定は私的である．それに対して，国の食品安全規制を決めるときのように，意思決定が自分以外の他人に影響を及ぼすにつれて，その決定は公共的となる．公共的決定は，それに同意しているか否かにかかわらず他人を拘束する以上，その人の利益に配慮したり，説明責任を果たしたりする必要が生じる．こうして，私的領域から一歩踏み出して他人を意識せざるをえなくなることが，公共性について考える際の出発点になる．

　次に，「利益」とは何だろうか．何が利益かは各人で千差万別である．勉強や仕事に打ち込むことが自分の利益だと思う人もいれば，自堕落な生活を楽しむことがそうだと思う人もいるだろう．スリリングで挑戦に満ちた毎日が自分の利益だと思う人もいれば，規則的で平穏に満ちた毎日がそうだと思う人もいるだろう．医者や弁護士であれば，目の前の患者や依頼人の話を聞けば本人の利益についてはおおよそ見当がつくだろう．しかし，複数本人を相手にする政治の世界で［1章3（1）］，代理人が本人の真の利益を聞き出すのは容易ではない．

　経済学では，それを一括して厚生と呼ぶことが多い．「厚^{ウェルフェア}生」は厚生労働省のそれと同じで，直訳すれば「良い成り行き」のこと，ここでは本人が感じる主観的満足のことである．日本語では別様に訳されるので混乱するが，前章で取り上げた「公共の福祉」の「福^{ウェルフェア}祉」も英語では同じである．別の経済学者は，それを本人が実際に選択する際の序列の高さ，すなわち選好として定式化する．選好は本人が実際に選択した行動から観察できるため，客観的に把握しやすい．例えば，もしある人が自堕落な生活を正して勉強や仕事に打ち込むならば，それは本人にとってそうすることが利益になるからだと推測できる．

　しかしながら，これらの利益を「公共の」と形容すると，途端に不明瞭になる．一見したところ，厚生であれ選好であれ，利益を感じる主体は個人で

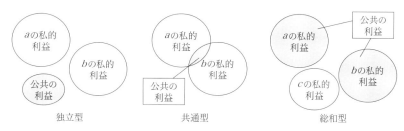

図 2 - 1　公共の利益と私的利益の関係

あって集団ではない．ともあれ，前述の定義に照らし合わせれば，公共の利益は，それが私だけではなく私たち皆のものであるという意味で，私的利益に留まるものではないと最低限見なすことができる．すなわち，ある利益が公共の利益であるということは，公共空間や公共施設と同様に，個人はその利益に関しても多かれ少なかれ他人と分有しているということだ．

　とはいえ，実際に集団が利益を分有することはそれほど簡単な話ではない．なぜなら，複数の個人からなる社会では，個人の数だけ利害があり，それらは潜在的にあるいは公然と対立しうるからだ．社会関係はしばしば，全員が一緒に利得を得ることが可能になるプラスサムの関係というよりも，一方の利得が他方の損失となるゼロサム（零和）の関係をとる．そこで本書では，公共の利益を各人 *a*，*b*，*c*，……それぞれの私的利益との距離から，図 2 -1 に示すような〈独立型〉〈共通型〉〈総和型〉として概念化し，次節でそれぞれの型を支持する 3 つの異なった学説を順次取り上げよう．

2.　公共の利益の 3 類型

(1)　独立型

　第 1 の〈独立説〉は，公共の利益を市民の私的利益に還元できない共同体の利益と考える．政治が実現すべき公共の利益は，厚生であれ選好であれ，市民が一私人として求める私的利益とは質的に異なっている．もちろん，公共の利益が同時に誰かの私的利益にもなることを否定するわけではない．こ

こでの要点は，公共の利益は「○○の私的利益に資する」という観点のみによっては定義できないということである．「公共のもの」としての国家に献身することを活動的市民の徳性と考える古典古代の共和主義思想は，〈独立説〉の典型である．

　ともすれば〈独立説〉は，滅私奉公のような集団主義的・全体主義的思考の遺物のように見えるかもしれない．しかしながら，自分の私的利益を離れることでこそ公共の利益に近づくという発想は，教育・環境・人権などの非営利活動に積極的に取り組む個人や集団にも見出されるものである．例えば，公益法人が携わる公益目的事業とは，「学術，技芸，慈善その他の公益に関する……事業であって，不特定かつ多数の者の利益の増進に寄与するものをいう」（公益法人認定法2条4項）．このように，営利目的を離れて公平無私な活動に従事することが公益法人の認定条件となっている．

　それでは，公共の利益の中身をどのように決めたらよいだろうか．必要なことは，個々の私的利益にとらわれず，共同体にとっての利益とは何かを見極める眼力である．18世紀フランスの思想家ジャン＝ジャック・ルソーはそれを一般意志と呼んだ――曰く，「多くの人間が結合して，いったいをなしているとみずから考えているかぎり，彼らは，共同の保存と全員の幸福にかかわる，ただ一つの意志しかもっていない」（ルソー，1954：144）．もちろん，共同体それ自体が実在する人格として意思をもつわけではないので，個々の市民の意思と共同体の意思を繋ぐための何らかの仕掛けが必要になる[4章2(1)]．

(2)　共通型

　第2の〈共通説〉は，公共の利益を市民の私的利益が一致する共通の利益と考える．ここでは，各人が自分自身の私的利益を追求することが所与の前提とされる．しかしながら，あらゆる私的利益の追求が互いに衝突するわけではない．例えば私たち全員は，警察も治安も存在しない無政府状態のなかで不安な毎日を過ごすよりも，秩序が安定した社会で安心して暮らせること

に利害の一致を見るだろう．ある制度や政策が，社会の構成員の私的利益と矛盾せず，むしろそれらを共通して促進するとき，その制度や政策は公共の利益に適うと見なせる．

〈共通型〉の公共の利益は，例えば公益事業の観念に反映されている．公益事業とは，運輸事業，郵便，信書便または電気通信の事業，水道，電気またはガスの供給の事業，医療または公衆衛生の事業など，「公衆の日常生活に欠くことのできないものをいう」（労働関係調整法8条）．こうした財やサービスが整備されることは，利用者全員にとっての私的利益に適うが，大規模な初期投資を必要とするがゆえに，自然独占という市場の失敗が生じうる．この問題に対処するため，公益事業にあたる財やサービスに対しては，公営化や料金規制，補助金交付などの措置がとられる．

〈共通説〉を代表するのが，ルソーと同時代の思想家デイヴィッド・ヒュームである．ヒュームは個人が基本的には私的利益を優先しがちであることを前提としながら，いかにして社会秩序が形成・維持されるかを考察した．答えの鍵になるのが，秩序の形成・維持が共通の利益になることに関して，市民のあいだに生じる合意である．「こうして正義が一種の合意^{コンベンション}ないし一致によって確立される．合意ないし一致とはすなわち，利益の感覚が，全員に共通と考えられたものであ……る」（ヒューム，2012：52）．私的利益の一致という発想は，その後の経済学におけるパレート原理に連なっている［3章2（3）］．

(3)　総和型

第3の〈総和説〉は，公共の利益を市民の私的利益を総計した最大の利益と考える．具体的な政治課題を想定すればわかるように，ある制度や政策が全員の利益を増加させる，あるいは少なくとも悪化させないことを保証するのはほとんど無理難題である．複数本人のもとでは，代理人が複数の選択肢のうちどちらの意思決定を下したとしても，それにより利得を得る人も損失を被る人も生じてしまう．こうした状況で，社会の構成員の1人でも多くの

私的利益を増進するような制度や政策を公共の利益と見なそうというのが，ここでの〈総和説〉である．

〈総和型〉の公共の利益は，私有財産を補償とともに収用する公用収用制度に見られる．例えば土地収用法は，財産権の制約を規定する日本国憲法29条2項に則り，「公共の利益となる事業の用に供するため土地を必要とする場合において，その土地を当該事業の用に供することが土地の利用上適正且つ合理的であるときは，この法律の定めるところにより，これを収用し，又は使用することができる」と規定する（2条）．土地の収用により，所有者の私的利益は損なわれるかもしれないが，にもかかわらず総体として「公共の利益となる」ことから，土地収用が正当化されている．

〈総和説〉の典型として，イギリスの法学者ジェレミー・ベンサムが唱えた最大多数の最大幸福がある．ベンサムが生きた18-19世紀のイギリスでは，産業革命の真只中で資本家階級や労働者階級が存在感を増す一方で，地主貴族階級を中心とする体制やものの考え方が至るところで残存していた．こうした状況を一新すべく，ベンサムは功利主義思想を掲げ，数々の法律・政治・社会改革を提案していった［9章1（2）］．その指針として，彼は次のように言う――「社会の利益とはなんであろうか．それは社会を構成している個々の成員の利益の総計にほかならない」（ベンサム，1979：83）．

（4）　まとめ

以上，公共の利益の3類型とそれぞれの型を支持する学説の特徴をまとめると，表2–2のようになる．これらを分けるひとつの区別は，想定する人間が集団主義的か個人主義的かという点である．古典古代では，比較的小規模のポリス中心の民主政や，混合政体を通じて各階層が政治に参加する共和政が高い共同体意識を育んだ．その後，近代に入って個人主義が優勢になると，私的利益の実現こそが政治の主要目的であるとの観念が定着してくる．17-18世紀に市民革命と産業革命が本格化し，政治学・経済学のそれぞれで支配的地位を占めるようになったのが社会契約論と市場経済論である．

表 2‑2　3 類型の学説的特徴

	独立説	共通説	総和説
人間観	集団主義的	個人主義的	
社会観	協調的		対立的

　もうひとつの区別は，想定する社会が協調的か対立的かという点である．個人の集団への帰属を所与としていた古典古代とは異なり，近代には，独立した個人が私的利益の一致の延長線上で特定の社会関係を形成することが，政治学・経済学の基本的なモデルとなった．さらに時代が下り，産業革命が深化する 19 世紀を迎えると，国内の分業化が進み，社会内で利害対立が深刻化していく．選挙権の拡大とともに，政治に反映される私的利益もまた複雑化するなかで，利害対立のもとで公共の利益を再概念化するような功利主義が影響力をもった．

　このように，公共の利益の 3 類型はそれぞれの時代と思想の刻印を帯びている．とはいえ，それぞれの学説が現代にあっても廃れたわけではない．むしろ，同時代の法律や制度のなかでさえ，公共の利益が異なったイメージで同時並行的に語られているのが実情である．特定の制度や政策も，見方によって公共の利益に適っていると言えたり言えなかったりする．そこで，全体の奉仕者として公共の利益のために勤務するという公職者の職業倫理を紐解く際［1 章 3 (2)］，本当に問題にすべきなのは，どの公共の利益を実現するかである．これらの 3 類型は，本書で政治の仕組みを個別的に見ていく際，折に触れて振り返ることにしたい．

3.　公共の利益の懐疑論

(1)　合理性仮定

　さて，公共の利益をめぐる様々な学説は，その後どうなっただろうか．近代市民革命をハイライトに，社会科学を牽引していた政治学は，19-20 世紀

と時代を経るなかで，他の学問分野に徐々にお株を奪われるようになってい
った．とりわけ一大発展を遂げたのが，19世紀後半に新たな学問名称とも
なった「経済学(エコノミクス)」である．経済学は，政治活動を離れて経済活動に勤しむ人
間の姿，一心不乱に私的利益を求める「経済人」を前提として，それがどの
ように政治の関与なしに一定の社会秩序を形成・維持するかを描き出そうと
した．

「経済学の父」と呼ばれるアダム・スミスは次のように言う．

> たしかに彼は，一般に公共の利益を推進しようと意図してもいないし，
> どれほど推進しているかを知っているわけでもない．……その勤労を，
> その生産物が最大の価値をもつようなしかたで方向づけることによって，
> 彼はただ彼自身の儲けだけを意図しているのである．そして彼はこのば
> あいにも，他の多くのばあいと同様に，みえない手に導かれて，彼の意
> 図のなかにまったくなかった目的を推進するようになるのである．（ス
> ミス，2000：303）

こうしたスミスの発想を端緒として，個々の経済主体の行動と市場を通じ
た取引関係によって経済現象を分析するミクロ経済学が発展していった．そ
れとともに，経済人の意図から外れた公共の利益が，経済学の分析対象から
も外れていく．20世紀の大恐慌時代を経て，雇用・貯蓄・投資といった社
会的集計量を用いて経済全体を分析するマクロ経済学がジョン・メイナー
ド・ケインズによって創始された．ただし，彼が暗黙に抱いていた，少数の
知的貴族が経済政策の舵取りをするという「ハーヴェイロードの前提」もま
た（ハロッド，1967：222），政府の失敗が自覚されるにつれて批判対象にな
っていった．

戦後の政治学では，経済学の分野的発展を受けて，それを転用することが
目指された．すなわち，市場取引に馴染まない財やサービスの供給量のよう
な，政治的意思決定を必要とすると考えられる分野（非市場的決定）に対し

ても，市場均衡のような経済学の分析手法を応用することが試みられたのである．スミスが経済の世界で想定したような経済人モデルを社会一般に拡張して，諸々の社会現象を分析したり説明したりする理論は合理的選択理論と呼ばれ，とくに投票，連立，政策決定など諸々の政治現象に焦点を当てる理論は公共選択論と呼ばれる（本書では以降，両者を含めて合理的選択学派と呼ぶ）．

　合理的選択学派の特徴は，経済人モデルを踏襲した合理性仮定である（ダウンズ，1980：1 章；ブキャナン／タロック，1979：3 章）．本人である市民，代理人である公職者も含めて，すべての政治主体は私的利益の最大化を目的として合理的な手段を用いると仮定される．なお，ここでの「私的」利益とは，何であれ本人の厚生や選好を充足するという意味であり，その内容として排他的な自己利益である必要はない．ただし，自分あるいはそれに近い者の利益と他人の利益が衝突する場合には，前者を優先しがちなのが良かれ悪しかれ人間の常である．

　合理性仮定の新規な点は，個人が遍く私的利益を追求していると見なしている点である．例えば，政治家の場合には得票最大化が，官僚の場合には予算最大化が決定的な行動目標になる．これはあくまでも理論的仮定なので，公職者の現実の行動と合致しているかもしれないし，していないかもしれない．本人である市民のみならず，代理人である公職者ですら，職務を通じて私的利益を最大化するように振舞うと想定している点で，医療倫理や法曹倫理で想定される本人 – 代理人関係とは大きく異なっている［1 章 2 (2)］．

　経済学者のジェームズ・ブキャナンとゴードン・タロックは次のように言う．

　　アダム・スミスや彼が代表する運動に加わった人びとは，商人や金貸しの利己心の追求行動が，行動のある一般ルールの制約内では，その社会のすべての人の一般的利益を拡大する傾向を持つと，大衆一般に納得させることに部分的に成功したのである．同じように，そのもとでは政治

商人の活動が，社会集団の全成員の利益と調和できるような共同選択決
定のルール……の在り方を示唆しうる共同選択の理論も容認できるであ
ろう．（ブキャナン／タロック，1979：26)

　なぜ，ともすれば極端な描写ともいえる合理性仮定を採用するのだろうか．
第1に，経済人モデルに基づいて経済学は多大な分野的発展を遂げてきた．
同じ人間である以上，政治と経済で場面が違うからといって行動モデルが異
なると前提するよりも，同一であると前提するのが自然である．第2に，た
とえ利己主義と並んで利他主義が人間の社会的要素であるとしても，前者は
後者を駆逐する傾向にある．それゆえ進化論的には，結局利己主義的人間モ
デルが優勢になるはずだ．第3に，もし政治主体が利己主義的にも利他主義
的にも行動しうるのだとすれば，その善意に賭けるよりも，ありうる最悪の
シナリオを想定して制度設計に臨むべきである（ブレナン／ブキャナン，
1989：4章)．

(2)　合理性仮定の是非
　合理性仮定に基づいて政治現象を分析するなら，公共の利益の実現という
公職者の職業倫理は雲散霧消してしまう．なぜなら，ここでは経済主体のみ
ならず政治主体もまた，「一般に公共の利益を推進しようと意図してもいな
い」からである．集合的意思決定はすべて市場均衡に類似した私的利益の均
衡として分析される．こうしたメカニズムを数理的に表現することは経済学
が得意とするところであり，独自のディシプリンの欠損に悩まされてきた政
治学にとって有力な候補になる［序章2 (1)]．加えて，意思決定理論やゲー
ム理論といった応用性の広さから，このアプローチは大きな影響力を占める
に至った．
　とはいえ，合理性仮定に対しては，それが拠り所とする経済学の内部でさ
え，異論が唱えられていることも忘れるべきではない．一心不乱に私的利益
を求める経済人モデルは，規範によっても導かれる個人のコミットメントの

側面をほとんど等閑視してしまう．アマルティア・センは，それが人間性をあまりにも単純化しているとして，「純粋な経済人は事実，社会的には愚者に近い」と評した（セン，1989：146）．経済学内部での経済人モデルの再検証は，人間の合理性の限界に新たな焦点を当てる行動経済学へと展開している（依田，2010：1章；瀧澤，2018：4章）．

　また，政治学のなかでも，合理性仮定に基づいて政治現象を分析することの是非が問われている（小田中，2010：終章；マッカビンズ／シース他，1996）．それは万有引力の法則から森羅万象を説明するように，人間性の単純な仮定から普遍的な政治現象を説明することを目指すが，その反面で理論に合う現実のみ取り上げる，予測と異なる場合には追加的条件を組み込んで延命をはかる，といった望ましくない副作用を生んでいるかもしれない．もちろん，合理性仮定によって説明できる政治現象も数多くあるが，あらゆる現象を合理性仮定に当てはめるだけでなく，理論的成功とともに別の可能性も見据える必要がある．

(3)　「全体の奉仕者」の実像

　理論の仮定を離れて，現実を見てみよう．例えば国会法は，「議員は，各議院の議決により定める政治倫理綱領及びこれにのつとり各議院の議決により定める行為規範を遵守しなければならない」ことを定めている（124条の2）．公務員についても，全体の奉仕者として公共の利益のために勤務するとの職務規定に対する服務の宣誓が義務づけられている（国家公務員法97条，地方公務員法31条）．このように，法律が公職者に対して合理性仮定に反するような行動を義務づけているのに，それをまったく織り込まないのも不自然である．

　実証的知見に照らしても，合理性仮定が政治的現実をいつ何時も説明できているとは限らない．例えば日本の行政学説では，公共の利益に奉仕する国士型官僚が多かれ少なかれ存在していることが示されてきた［8章3 (1)］．合理的選択学派のなかには，いったん放逐したはずの公共の利益を，公職者

の行動原理の一部に含めてしまっている場合もある（ダウンズ，1975：2部4章）．しかし，合理性の定義を広げることで何事も説明しようとすれば，代わりに仮定の単純性といった理論的美徳が損なわれてしまう．

加えて，代理人のみならず，本人である市民に関しても，合理性仮定から外れるような事例が見られる．例えば，選挙を通じた政治参加に関して，市民が投じる1票が選挙結果に及ぼす影響力はゼロに等しいので，情報費用であれ移動費用であれ，何らかの投票費用が存在する以上，各人にとっては棄権することが合理的である見込みが高い（ダウンズ，1980：14章）．もちろん，これは政治の現実を説明していない．こうした現象を合理性仮定の枠内で説明することには多大な努力が費やされてきたが，私的利益以外の行動原理も考慮に入れることがひとつの考え方ではないだろうか（Tullock, 1984）．

ちなみに，合理的選択学派の普及以降，合理性仮定に基づく人間・社会観を修正するような研究動向も現れている．政治行動に関する説明仮説としては，政治主体にとっての「利益」に加えて，「制度」と「アイディア」という新たな次元が導入されている（3つのI）．政治主体の利益追求に対して一定の制約となって働く制度的要因への注目は，その後新制度論として発展し（マーチ／オルセン，1994），実体よりも観念として特定の政治行動を促進したり制約したりするアイディアへの注目は，その後構成主義（コンストラクティヴィズム）として発展している（小野，2009）．

本章で見てきたように，公共の利益は，制度や政策をめぐる具体的な議論のなかに見え隠れしてきた．今日では支配的な懐疑論と並んで，〈独立説〉〈共通説〉〈総和説〉といった古典的な公共の利益論から，議会・官僚・政党といった政治学の馴染み深いトピックを眺めなおすことで，政治学ならではの政治を「見る目」はより豊かになるだろう．本書ではこうした狙いのもと，次章以降，公共の利益をいかに実現するかという古典的問いを縦糸としながら，政治学のベーシックな論点を再構成していきたい．

第3章
自由主義
―個人はなぜ政府を必要とするか―

1. 自由主義とは何か

(1) 市民革命

　私たちは自由主義社会に生きている．自由主義社会とは，政府や社会に指図されることなく，個人が自分の人生を自分の思うとおりに生きられるような社会のことである．こうした思想は，近代の市民革命や人権思想において花開き，革命や思想の伝播とともに着実に世界に波及し，定着していった．例えばフランス人権宣言では，「人は，自由かつ権利において平等なものとして出生し，かつ生存する」と謳われている（1条，高木・末延・宮沢，1957：131）．現在では，国際人権規約 B 規約で基本的諸自由が権利として規定され，日本国憲法にも同様の権利が規定されている．

　自由主義思想が近代に定着していく契機は，16-17 世紀に全盛期を迎える絶 対 王 政に対する抵抗運動にあった．絶対王政とは，官僚と常備軍を備えた国王が国家を一元的に支配する集権的政治体制のことである．中世ヨーロッパの社会構造を規定していた封建制とキリスト教が様々な要因から衰えていくなか，代わりに国内統合を推し進め，国王が絶対的な統治者として政治的にも精神的にも君臨した．スペインのフェリペ 2 世（在位 1556-1598 年），イギリスのエリザベス 1 世（在位 1558-1603 年），フランスのルイ 14 世（在位 1643-1715 年）などがその代表である．

　17-18 世紀には，絶対王政に対抗する市民革命が生じる．世界に先駆けて

それを実現したのはイギリスの名誉革命だった．プロテスタントの一派である国教会が普及していたイングランドにあって，カトリックを復興しようとした国王ジェームズ2世に対して，議会が排斥に乗り出し，ほとんど無血でそれに成功したのである．名誉革命前後に形成されたホイッグ（議会派）とトーリー（王党派）の対立軸は，のちの自由党と保守党の原型となった．名誉革命を転機として，自由主義が党派を超えて保守されるべき原則になったと考える見方をホイッグ史観という（トレヴェリアン，1978）．

　その後，市民革命の精神はイギリスの植民地アメリカに飛び火してアメリカ独立革命を誘発した．本国の圧政に抵抗して独立を成し遂げたアメリカの建国神話は，「自由の恵沢の確保」を国是とする自己認識を決定的なものにした（アメリカ合衆国憲法前文）．こうした機運は，革命に参加した義勇軍を媒介してヨーロッパに逆輸入され，フランス革命という世界史的事件に至った．ニューヨークに建てられた自由の女神像が，独立100周年を記念してフランスからアメリカに贈呈されたものであるように，市民革命は何よりも市民の自由を象徴する革命だった．

　日本も明治維新以降の近代化を通じて，自由主義思想を受容していった．維新後の明治政府は薩長を中心とする藩閥政治家によって牛耳られてきたが，権力の独占や腐敗が批判を集め，下野した板垣退助を中心に自由民権運動が高まった．明治政府は，運動を懐柔するために憲法制定・国会開設を約束する．板垣は運動と並行して自由党を設立し，岐阜事件（1882年）に際しては「板垣死すとも自由は死せず」との言葉を残したとも言われている．明治維新は武士階級による武力革命であり，西洋諸国の市民革命と性質は異なるが，それでも日本は徐々に世界の近代化と歩調を合わせていくのである．

(2)　自由主義と公共の利益

　こうして，市民革命は個人の自由を天賦の権利として打ち出した．次の課題は，自由主義社会のもとでいかに公共の利益を実現するかである．個人一人ひとりが自分の思うがままに生きられるようになったとしてみよう．各人

の私的利益の追求は，どのような社会をもたらすだろうか．18世紀のヨーロッパは，旧来の価値観と新たな価値観が相争うダイナミックな社会の変化を迎えていた．ここでは，世界に先駆けて市民革命を成功させたイギリスで，その後何が起きたかを手短かに見てみよう．

　名誉革命後のイギリスでは，国内の安定とともに国外の進出に備えてイングランド銀行が設立され，信用経済化が進んだ．北米植民地の拡大は，当時絶対王政の絶頂を迎えていたフランスとの対立に繋がり，植民地をめぐる英仏戦争（第二次百年戦争）に発展する．同時に，市民社会では紅茶やコーヒー，煙草などの海外からの輸入品が盛んに消費され，文化として定着していった．「財政＝軍事国家」と呼ばれる放漫な財政政策とともに（ブリュア，2003），民間でも投機熱が訪れて，南海泡沫事件（1720年）のようなバブル現象も引き起こしていた．

　こうした時代状況のなか，オランダ出身の文筆家バーナード・マンデヴィルは『蜂の寓話』（1714年）のなかで，「私悪は公益なり」という有名な標語を携えて，個人の私的利益の追求が社会を堕落させるどころか，社会を発展させる原動力になるのだと説いた．一見すると悪徳のレッテルを張られがちな個人の情念や欲望も，回り回って公共の利益に繋がるのである――「かくして悪人の最たるものでさえ，公益のため何か役立つことをなすに至りぬ．各部分に不平はあれど，全体として上手く治むるはこの国家の技量なり」（マンデヴィル，2019：17）．

　自由主義思想と相性が良いのは〈共通型〉の公共の利益である．なぜなら，それは個人の自由を制限することなく，むしろそれらが一致して公共の利益を導く可能性を示しているからである．逆に〈独立型〉や〈総和型〉は，少なくとも一部の人間の私的利益と矛盾するがゆえに，自由主義思想と相性が良くない．それゆえ，市民革命前後の自由主義思想は，「私悪は公益」路線で公共の利益の実現を理論的に跡づけていくことになる．本章では，この時期に発展した社会契約論と市場経済論に注目しながら，私的利益がいかにして公共の利益に結びつくか，またそこに何らかの落とし穴はないかを考えて

みよう．

2. 私的利益の結合

(1) 社会契約論

　個人が無制限の自由を謳歌すると，いったいどのようなことが起きるだろうか．この思考実験は，17 世紀イギリスの思想家トマス・ホッブズの社会契約論のなかで示された．ホッブズの課題は，個人の自由を突き詰めた先に政府の設立を証明することである．そのための道具立ては，個人が絶対的な自由を謳歌する前政治的状態（自然状態と呼ばれる），私的利益の最大化を目的として合理的な手段を用いることができるという合理性，さらに自然状態から共同で脱出するための社会契約である．ホッブズは，生命・身体の保全という各人の基本的欲求（自己保存）を出発点として，政府の正当性を演繹的に説明した．

　はじめに，政府の存在しない自然状態における人間のあり様を想像してみよう．自然状態における人間は自由かつ平等であり，いかなる束縛からも免れているので，あらゆる人間は自己目的のためのあらゆる手段をとる自然権をもっている．こうした条件下で，人間も他の生物と同様に，自己保存の欲求に導かれ，私的利益の最大化を目的とする．「すべての人の意志による行為の目的は，かれ自身に対するなにかの利益なの……である」（ホッブズ，1992a：220）．ここでホッブズが想定する個人は，典型的に合理性仮定に従う人間である［2 章 3 (1)］．

　すると，自然状態では何が起きるだろうか．各人は他人を殺害する平等な力を有する．各人が各自の絶対的自由を思うがままに謳歌すれば，強盗も殺人も許されるような弱肉強食の世界になってしまうかもしれない．実際，いつ何時も他人から寝首をかかれるかもしれない以上，「この相互不信から自己を安全にしておくには，だれにとっても，先手をうつことほど妥当な方法はない」．その結果生じるのは「万人の万人に対する闘争」であり，自然状

態は闘争の可能性も含めた不断の戦争状態にある．それゆえ「人間の生活は，孤独でまずしく，つらく残忍でみじかい」（ホッブズ，1992a：209，211）．

　ホッブズの想定を単純化すると，以下のようになる．

　　P1　政府の存在しない自然状態において，各人は無制限の自由をもつ
　　P2　各人は私的利益の最大化を目的として合理的な手段を用いる（合理
　　　　性仮定）
　　P3　各人にとっては相手を裏切ることが合理的である
　　C　　自然状態は戦争状態に陥る

　ホッブズはここから，自然状態から脱するため，各人の無制限の自由を拘束する政府を設立することに万人が同意するという論理で，政府の正当性を論証した．たとえ個人の自由の一部あるいは大半が制約されるとしても，強盗や殺人が互いに許される自然状態に留まるよりはましだというのだ．政府があればこそ，強盗や殺人を禁止する法律が生まれ，それを犯す者は警察に拘束され，裁判にかけられる．このように，政府はそもそも個人の自由を制約しうる存在であり，にもかかわらずその権威は市民に受け入れられているのである．

　こうして，強大な政治権力を備えた政府の正当性の起源が見えてくる．それは各人の自発的同意である．政府が個人の自由を制約しうるのは，もとを辿れば，私たちが自然状態から脱するため，そうした権限を政府に認めたからである．ホッブズ自身は，こうして設立される政府の政治権力は絶対的でなければならないと考えていた．にもかかわらず，個人の自由を徹底的に突き詰めたその理論構成により，「自由主義の創始者はホッブズであった」（シュトラウス，2013：248）とか，「たいていの自称自由主義信奉者以上に自由主義の哲学をやどしていた」（オークショット，2007：75）とも評されている．

(2)　市場経済論

　17 世紀に一世を風靡した社会契約論は，イギリスで市民革命が一段落する 18 世紀になると，デイヴィッド・ヒュームによって批判された．自然状態も社会契約も，作り話であって歴史的に存在したことはこれまでないのである（ヒューム，1982）．彼は，資源の希少性と利他心の限定性を所与として，社会秩序の基礎を自然的仁愛ではなく合　意としての人為的正義の確立に求めた［2 章 2 (2)］．その後，市場経済の機能を緻密に分析し，私的利益の一致の可能性をひとつの学問体系にまで高めたのが，ヒュームのひと回り年下で生涯の友人であったアダム・スミスである．

　市民革命以降の自由主義者にとっての新たな課題は，政府の正当性を確立することよりも，その限界を見定めることに向けられた．前述のとおり，当時のイギリスでは消費文化が花開き，それを支える生産活動の社会的必要性も高まっていた．こうしたなか，自由な個人が活動する舞台として脚光を浴びたのが，政府とは区別される経済独特の空間，需要と供給が出会う市 場である．市場は政府に代わって，かつ政府よりも効率的に，私たちの生産・消費生活を支えるメカニズムを提供する．

　私たちが何らかの財やサービスを欲するとき，その都度国会に嘆願する必要はない．その大半は，デパートやスーパーマーケットのような市場ですでに売り買いされている．市場に私たちの必要物が存在する理由は，一口で言えば需要と供給が合致しているからである．消費者側の需要の増加は自動的に価格の高騰をもたらし，生産者側の供給を喚起するだろう．両者がともに満足する 1 点で，商品の価格と数量は自動的に均衡する．こうしたメカニズムを通じて，市場は，必要なものを必要な人に配分する仕組みを整えているのだ．

　市場経済の確立にともない，政治の世界と経済の世界，さらには政治学と経済学が明確に区分された．両者は何が違うだろうか．第 1 に，市場には政治的な意味での公共性が存在しない．市場取引に参加する者は，全員が私的利益を最初から最後まで求めている．第 2 に，市場には政治的な意味での権

力が存在しない．生産者も消費者も対等である．どちらも，嫌だと思えばた
だちに取引から撤退できる．スミスが言うように，「われわれが食事を期待
するのは，肉屋や酒屋やパン屋の慈悲心からではなく，彼ら自身の利害にた
いする配慮からである」というわけだ（スミス，2000a：39）．

　スミスが活躍した 18 世紀後半のイギリスは，第二次百年戦争を優勢に進め，
幾つかの技術革新が生じて産業革命の入り口に差しかかっていた．こうした
なか，政治領域よりも経済領域に焦点を合わせ，人々の経済活動に対する自
由を最大限容認し，政治権力の介入を極力控えることで，「みえない手」の
働きにより各人の私的利益の追求が公共の利益に繋がると主張したスミスの
経済思想が広範に受容されていったのである．それは，のちにマンチェス
ター学派に引き継がれて，自由貿易を掲げる経済的自由主義の思想的基盤と
なった［9 章 1 (2)］．

(3)　パレート原理

　一見すると，政府の正当性とその限界をそれぞれ見定めている点で，社会
契約論と市場経済論は真逆の結論にあるが，その奥底には共通の理論構造が
ある．すなわち，個人を出発点として，万人の私的利益の一致の先に安定的
な社会秩序を見てとることだ．もし政府の設立や市場取引を通じて，各人の
誰もが私的利益を得る——あるいは少なくとも損をしない——のであれば，
そのような結果は〈共通型〉の公共の利益に適うと見なすことができる．こ
うした利益の一致がもたらす社会的効率性に注目する考え方は，その後経済
学でパレート原理と呼ばれている．

　具体的に見てみよう（図 3 - 1）．2 人の個人 a，b からなる社会で，現在
のそれぞれの厚生水準が p にあるとする．これを基準点として，2 人の厚生
水準がそれぞれ現状を上回るか，少なくとも下回らない状況は，網掛けの領
域によって示される．事態 p から事態 q への変化が，誰の状況も悪化させ
ることなく，少なくとも 1 人の厚生を改善することができるとき，q はパ
レート改善であり，q からの変化が，必ず誰かの状況を悪化させてしまうと

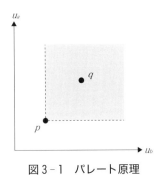

図3‑1　パレート原理

き，q はパレート最適である．同様の状況は，任意の n 人からなる社会についても拡張して考えることができる．

　社会契約論においては，政府の設立それ自体が，全員一致の同意によって成立する——というよりも，同意しない者は引き続き自然状態に留め置かれるだけである．なぜ各人が自然状態における絶対的自由を制約するような存在の設立に同意するかといえば，少なくともそれが「万人の万人に対する闘争」よりもましな状態であることに，各人が共通の利益を見出すからである．それゆえ，いったん政府の統治が始まってからはともかく，自然状態から脱する社会契約という瞬間においては，全員の私的利益が一致し，パレート原理が満たされる．

　経済学の標準的想定によれば，完全競争市場において均衡する資源配分はパレート原理を満たす．なぜなら，市場取引においては需要側も供給側もともに，私的利益を目指して行動するからである．市場取引によって損失が生じるなら，その人は市場から自由に退出できるし，その結果取引は成立しない．取引後の状態は，取引前の状態と比較して誰も損させないはずなので，それは同時に公共の利益に適うと見なせる．スミスが言うように，「自分自身の利益を追求することによって，彼はしばしば，実際に社会の利益を推進しようとするばあいよりも効果的に，それを推進する」のである（スミス，2000b：304）．

3．社会的ジレンマ

(1)　囚人のジレンマ

　自由主義思想の根底には，個人にとって良いことが社会にとって良いことに結びつくというある種の楽観論がある．社会契約によってであれ，あるい

表3−1　囚人のジレンマ

	b：協力		b：裏切り	
a：協力	a：1の損失	b：1の損失	a：3の損失	b：0の損失
a：裏切り	a：0の損失	b：3の損失	a：2の損失	b：2の損失

は市場取引によってであれ，各人の自由に任せることで，私的利益が調和し，その結果公共の利益が実現されるという〈共通説〉がその基底にあるわけだ．ところが，実際にはこうした見込みが外れ，個人的利益の追求が集団的利益を損なう場合も往々にしてある．こうした現象は，すでにホッブズの社会契約論にも表れていたが，その後ゲーム理論のなかで「社会的ジレンマ」と名づけられた．

　社会的ジレンマとは，部分（個人）にとっての合理的選択が全体（集団）にとって非合理的な結果をもたらす事態のことである．部分の積み重ねが全体の調和を脅かすことから，「合成の誤謬」とも呼ばれる．よく知られた事例として，2人の個人からなる社会を想定した囚人のジレンマ状況がある．舞台設定は次のようなものだ．2人の囚人a，bが共同犯罪行為のかどで逮捕・拘留されている．2人は逮捕前，黙秘を貫いて決して自白しないと口裏を合わせていた．当局は自白を引き出すため，自白すれば罪を軽くするとの司法取引をもちかける．2人の囚人それぞれが黙秘（協力）か自白（裏切り）かという選択肢をもつので，その結果として全部で4通りの可能性がある．

　a，bにとっての利得が表3−1のとおりであるとしよう．数字は収監される年数を示している．aは，相方のbがどのような選択をするかに応じて，どうすれば自分が1番得かを考える．もしbが口裏合わせどおりに黙秘（協力）した場合，aが黙秘すれば1の損失，aが自白すれば0の損失で自白（裏切り）した方が有利である．もしbが司法取引に乗って自白（裏切り）した場合，aが黙秘すれば3の損失，aが自白すれば2の損失でやはり自白（裏切り）した方が有利である．bが黙秘と自白のどちらに転ぼうとも，結局aにとっては自白が有利である（支配戦略と呼ばれる）．その一方で，bも同じことを考えるため，結果的には両方が自白し，両方が黙秘を貫くよりも損

をするパレート劣位——すなわち，パレート改善の余地がある——の結果
（裏切り×裏切り）に終わる．

　こうしたジレンマは，n 人に拡張した様々な社会関係でも見られる．例え
ば，各自が乱獲すれば，漁獲量が再生産量を上回って資源が枯渇し，最終的
には全員の首を絞めるとわかっているにもかかわらず，漁業者が水産資源を
我先に争って獲ってしまう現象，いわゆる「共有地の悲劇」は社会的ジレン
マの一例である（ハーディン，1975）．社会的ジレンマの存在は，自由主義
者がその思想を貫徹するにあたり最大の障壁となる．個人行動を集団的に規
制するような仕組みがないかぎり，個人の自由は往々にして，そうだとわか
っていても自分たちを袋小路に追い込むような結果を招いてしまうのである．

(2)　秩序問題

　社会的ジレンマを先駆的に発見していたのはホッブズだった（テーラー，
1995：6 章）．自然状態は戦争状態に陥るという彼の結論（C）を振り返って
みよう．この状態から脱するのは，間違いなく誰にとっても合理的である．
しかしながら，実はより合理的なのは，自然状態から脱するため，自然権の
大半を放棄する約束を相互に結んでおいて，自分だけその約束を履行しない
ことである．同じことは誰もが考えるので，結果的に誰もその約束を履行せ
ず，約束は実効化されない．「諸信約は，剣をともなわなければ，語にすぎ
ないし，人の安全を保障する強さをまったくもたない」のである（ホッブズ，
1992b：28）．

　それゆえ，強制によって約束を遵守させる政府が必要になる．人々は合理
性を働かせて，自分たちを袋小路に追い込む社会的ジレンマの解消のために
は，自然権の大半を放棄して，それを主権者に預けることが必要であること
にも同意する．「必要とされるものとは，かれらをおそれさせておき，かれ
らの諸行為を共通の便益へむかわせるための，共通の権力なのである」（ホ
ッブズ，1992b：32）．ホッブズの論証戦略は，各人は私的利益を目指して
合理的に行動するという仮定（P2）はそのままにしておいて，裏切りが合

表3-2　囚人のジレンマの解決

	b：協力		b：裏切り	
a：協力 a：裏切り	a：1の損失 a：2の損失	b：1の損失 b：3の損失	a：3の損失 a：4の損失	b：2の損失 b：4の損失

理的な行動であるという条件（P3）を政府の設立によって変化させ，Cを
回避することだった．

　囚人のジレンマ状況に照らし合わせてみよう．共通のボスに依頼して，も
し囚人が自白（裏切り）を選んだ場合，その者に対して2の損失が制裁として
必ず課せられるとする．すると，表3-1で示した両者の利得表は表3-2
のように変化する．aにとっては，もしbが黙秘（協力）した場合，aが黙
秘すれば1の損失，aが自白すれば2の損失で黙秘（協力）した方が有利で
ある．もしbが自白（裏切り）した場合，aが黙秘すれば3の損失，aが自
白すれば4の損失でやはり黙秘（協力）した方が有利である．bも同じこと
を考えるため，結果的には両方が黙秘を貫くパレート最適を導く選択（協力
×協力）が，今度は2人にとっての支配戦略になる．

　とはいえ，ホッブズの論証戦略は依然として困難を抱えている．そもそも
自然状態が戦争状態に陥るのは，相互の約束が遵守されるという相互の保証
が存在していないからだった．確かに，いったん「共通の便益へむかわせる
ための，共通の権力」としての政府を設立することに成功すれば，制裁の可
能性のもとで，全員にとって協力×協力が支配戦略となる．有政府状態が無
政府状態よりも全員にとって望ましいことは言うまでもない．それゆえ，自
然状態から脱することに成功するかどうかは，全員が政府の設立それ自体に
同意するという社会契約の瞬間にかかっている．

　しかしながら，「『約束を各人に遵守させる政府』を設立するという約束」
を各人に遵守させるものは何だろうか．政府がまだない以上，各人の合理性
しかない．約束を遵守するという約束の由来を辿っても，「鶏が先か，卵が
先か」のように循環するだけである．はたして合理性仮定（P2）を梃子に
するだけで，個人の自由と社会の秩序をバランスを保ちながら両立させられ

るだろうか（パーソンズ，1976：3章1節）．この問いは社会学で「ホッブ
ズ問題」と呼ばれ，ゲーム理論やエスノメソドロジーの知見も交えながら，
多くの社会学者がその解決に取り組んでいる（盛山・海野，1991；土場・篠
木，2008）．

(3) 公共財問題

　次に市場経済論を見直してみよう．市場経済論は，完全競争市場における
人々の自発的取引が，万人の私的利益が一致するパレート原理を満たすと想
定する．しかし，ことはそう単純ではない．実は，市場を通じた財の自動的
配分が成功するためには，幾つかの条件が必要なのだ．第1の条件は競合性，
すなわちある人が財を消費すると，他の人は同じ財を消費できないというこ
とである．第2の条件は排除性，すなわち人は，対価を支払わなければ財を
消費できないということである．市場メカニズムの成否は，そこで取引され
る財がこれらの条件を満たすかどうかによって左右される．

　これら2条件を満たしている財は私的財と呼ばれる．デパートやスーパー
マーケットで売り買いされる商品がその典型である．ある客がある商品を手
に入れると，別の客は同じ商品を手に入れられず（競合性），その客は対価
を支払わなければ商品を手に入れることができない（排除性）．市場におい
ては，公正な対価を支払った者だけがその商品を受け取り，独占的に使用す
ることができる．こうした保証があるからこそ，生産者は安心して財の供給
を続けるのだし，消費者はその恩恵を受けられるのだ．

　逆に，以上の2条件を満たさない財は公共財と呼ばれる．公共財とは，社
会内で結合供給・共同消費されるため，個々の市場取引に馴染まないような
財のことである（サミュエルソン，1991：2部；ブキャナン，1974）．国防，
警察，消防などは公共財の一種である．非競合性という性質により，公共財
は誰かにとって利用可能であるならば，それは同時に誰にとっても利用可能
である．ここにも，前章で説明した，「私たち皆のもの」という公共性の定
義が顔を出していることに気づくだろう［2章1 (2)］．

　ところが，非排除性という性質により，公共財はフリーライダー（ただ乗り）の問題を引き起こす．私的財とは異なり，公共財はその費用を負担しようがしまいが，誰もがその便益を享受できる．そこで，消費者は自分だけはその費用を負担せず，便益だけを享受しようと考えるだろう．同じことを皆が考えれば，誰も費用を負担しなくなるので，生産者も割に合わず財を供給しなくなる．私的供給に固執するかぎり，公共財は需要と供給の均衡という市場原理を歪め，社会的ニーズに対して過少にしか供給されない．

　こうして見ると，市場メカニズムという「みえない手」の働きも万能ではないことがわかる．一方で，公共財が非競合的であるということは，集団レベルで見れば，協力的行動によって全員が利益を得るということだ．他方で，公共財が非排除的であるということは，個人レベルで見れば，非協力的行動によって本人が利益を得るということだ．こうして市場経済論もまた，それが取引対象とする財の性質いかんによっては，各人の合理的選択の結果がパレート劣位となる社会的ジレンマに囚われるのだ．

　公共財問題をどのように解決すればよいか．市場の商品棚に並ぶことが見込めない以上，政府が代わりに公共財を供給する主体となる必要がある．具体的には，政府が課税を通じて市民に強制的に費用を課し，それを元手に公共サービスを運営したり補助金を拠出したりするのである．例えば日本では，国防機能は国によって，警察機能は都道府県によって，消防機能は市町村によって担われる．公共財の公的供給は，それが私たち皆の利益になるという意味で〈共通型〉の公共の利益に資する．

　もちろん，今日の政府の役割が公共財の供給に尽きるわけではない．例えば政府は，低費用住宅や義務教育などの価値財（メリット）を供給する役割を担っている（マスグレイヴ，1961：1章2節）．価値財とは，供給されることが有益あるいは有害であるが，市場に委ねては最適供給量と合致しないがゆえに，市民が実際にもつ厚生や選好にかかわらず，その供給量を公的に決定すべき財のことである．価値財の供給は，市民の私的利益はさておき，社会的価値を増進させるという意味で〈独立型〉の公共の利益に資するだろう．

　あるいは政府は，課税政策を通じて持てる者から持たざる者へと再分配する役割も担っている（ピグウ，1953：1部8章）．一般的に，限界効用逓減の法則——すなわち，消費される財の数量が増加するにつれて，限界効用（1単位分の追加が新たにもたらす効用）は減少するという法則——により，パイを一定とすれば，分配が均等になれば社会的厚生が増大する．たとえ少数の富裕層から不満が出ても，多数の中間・貧困層の生活を向上させることができるなら，再分配政策は〈総和型〉の公共の利益に資するだろう．

　このように，政府の役割が公共財の供給に尽きるのか，それとも価値財の供給や再分配政策も含むのかは，実現すべき公共の利益をどう考えるかによって変わってくる．それは，民間に対する政府の規模によって把握できるだろう．GDP（国内総生産）に対する政府支出の割合が小さければ，それだけ多くの仕事を市場的決定に委ねる小さな政府であり，逆に大きければ，それだけ多くの仕事を非市場的決定に委ねる大きな政府である．ともあれ，どのような市場原理主義社会であっても，公共財の供給すら手放すような無政府状態になることは考えられない．

　自由主義思想は，社会契約論や市場経済論という強力な理論枠組みのもと，近代社会で支配的地位を築くに至った．しかしながら同時に，人々に個人的自由を保障することは，はたして社会的調和を生み出すかという社会的ジレンマを抱えている．こうした事態への対処として，自由な個人にとっては口煩い存在であるはずの政府が必要とされるのだ．政府が秩序の形成・維持を担い始めてからこそ，あるいは市場の失敗が生じてからこそ，公共の利益の実現を目指して公職者の真の手さばきが必要になる．自由主義は政府の正当性とその限界を同時に見定める，実はニュアンスに富んだ思想なのである．

第4章
民主主義
―人民の舵取りはどこに向かうか―

1. 民主主義とは何か

(1) 「人類普遍の原理」

今日の私たちは，自由主義とともに，民主主義の社会に住んでいる．民主主義とはざっくり言えば，一般人である市民が政治の舵取りをすること，すなわち被治者による統治を意味している．市民が被治者であるのはどの政治体制も共通だが，市民が同時に統治者になるのは民主主義に特有である．本書が政治分析の出発点とした本人－代理人関係も，市民が究極の本人であることを前提にしている［1章2 (1)］．日本国憲法は，次のような一文から始まる――「日本国民は，……ここに主権が国民に存することを宣言し，この憲法を確定する」(前文)．

日本国憲法はこのあとに，「そもそも国政は，……」と本人－代理人関係を記述し，この理念は「人類普遍の原理であり，この憲法は，かかる原理に基くものである」と結ぶ．しかし，これは言いすぎである．歴史を振り返ってみれば，人類が王政や貴族政のような非民主的政治体制をとってきたこと，むしろ少し前まではそれが主流だったことはすぐにわかる．西洋諸国で市民革命が生じ，そのハイライトであるフランス革命で人民主権原理が導入されたのは，今から230年ほど前のことにすぎない．

さてそれでは，今の私たちが知っている民主主義とは何だろうか．例えばそこには議会がある．思えば世界でも日本でも，議会政治は近代民主化運動

の中心的主張だった．例えば，フランス革命の発端となったのは国民議会の設立だったし，日本の自由民権運動の中心的要求は国会の開設だった．そして議会を構成するのは，市民が選挙で選出した政治家である．政治家は国民の代表として，個々の争点について議会内で議論し，決定する．要するに，市民は政治家という別の人格の選出を通じて，集合的意思決定と間接的に繋がっているのである．

　しかし，これが民主主義の唯一の形態ではない．例えば，民主主義の生まれ故郷である古代ギリシアでは，政治の参加資格をもつ自由人が，個々の争点について民会内で直接的に議論し，議決することができた．これは前述した間接民主主義と区別して，直接民主主義と呼ばれる．例えば日本でも，地方自治における住民投票，憲法改正論議とともに注目される国民投票など，個々の争点について市民の意思を直接反映させる仕組みがある．両者の区別についてはのちの章に譲るとして［6 章 1 (1)］，ここでは直接的であれ間接的であれ，市民の意思を政治に反映させることを民主主義の要点だと捉えておこう．

(2)　民主主義と公共の利益

　絶対王政に対抗する市民革命の結果，主権の所在は君主主権から人民主権へと変化した．主権とは第 1 に，対内的最高性，すなわち，国内的に政治的権威が分散化されず，一元化・集約化されていることを意味する．第 2 に，対外的独立性，すなわち，国際的に自国の意思決定に対する外国の干渉が排除されていることを意味する．主権者とは要するに，自分が決めたことがそのままその国の決定になるような存在である．フランス革命後に制定された 1791 年憲法は次のように規定する――「主権は単一，不可分，不可譲であり且つ時効にかからない．主権は国民に属する」(III 編 1 条，中村，2003：19).

　しかしながら，1 人の国王とは異なり，そもそも意思も利害も異なる無数の人民が主権者になるとはどういうことなのだろうか．個々の集合的意思決

定に関して，市民一人ひとりの意見は当然異なるはずである．ところが，数百万，数千万の市民がそれぞれ主権者である以上，その集合的意思がそれぞれの意見と一致しなければ，「主権は国民に属する」と言われても空手形を渡されるに等しい．国内中に主権者が無数に存在するという事態が，そもそも単一不可分であるはずの主権の概念と矛盾しているように思われるのである．

　この問いに対して，フランス革命に先立ち透徹した考察を加えたのが，ジャン＝ジャック・ルソーの社会契約論である．ルソーにとって社会契約とは，「各契約者の特殊な自己に代って，一つの精神的で集合的な団体をつくり出す」ための結合行為である（ルソー，1954：31）．自分の私的権利を共同体に全面的に譲渡する結果，個人と共同体の一体性が人為的に生じる．共同体の利益は個人の利益であり，共同体の意思が個人の意思となる．こうした社会関係の質的転換を通じてはじめて，人民主権が実体化されるというのだ．

　ルソーはこうして現出する共同体の意思を一般意志と呼ぶ．

> 国家をつくった目的，つまり公共の幸福にしたがって，国家のもろもろの力を指導できるのは，一般意志だけだ……なぜなら，個々人の利害の対立が社会の設立を必要としたとすれば，その設立を可能なものとしたのは，この同じ個々人の利益の一致だからだ．こうしたさまざまの利害の中にある共通なものこそ，社会のきずなを形づくるのである．（ルソー，1954：42）

　共通の利益は共通の意思を作り出し，それは人民主権を実体化する．ルソーにとってはこの等号関係が，民主主義を支える議論の要だった．ちなみに，この一般意志の観念は，「法は，総意 volonté générale の表明である」として，フランス人権宣言にも盛り込まれている（6 条，高木・末延・宮沢，1957：131）．さてそれでは，このルソーの見立ては，その後の民主主義の歴史において，その正しさを立証することができただろうか．本章では，私た

ちの社会を根本的に形作り，またときに揺るがしている，民主主義の思想と
実践について詳しく見ていこう．

2. 民意の正当性

(1) ルソーの一般意志論

　一見すると，ルソーが共同体の設立の基礎に据える「個々人の利益の一致」
は，同じ社会契約論者であるトマス・ホッブズの論証戦略と大差ないように
見えるかもしれない［3章2 (1)］．しかしながら，そのような理解では両者
のあいだの根本的な違いを捉え損なうことになる．ルソーの社会契約論は，
市民が政府を設立するのはなぜかを説明するためのみならず，市民が主権者
になるとはどういうことかを説明するための理論的道具立てである．すなわ
ち彼は，人民主権という理想の実現を，社会契約による共同体の設立と一般
意志の創設という筋書きに委ねたのである．

　共同体を動かす一般意志は，一方で個人が個別に抱く「特殊意志」とも，
他方でその集積としての「全体意志」とも区別される．「全体意志と一般意
志のあいだには，時にはかなり相違があるものである．後者は，共通の利益
だけをこころがける．前者は，私の利益をこころがける．それは，特殊意志
の総和であるにすぎない」（ルソー，1954：47）．人民主権が主権であるため
には，主権者の意思が2つも3つもあっては困る．ところが，実際の主権者
である市民は無数の意思をもつ．各自が個別に抱く特殊意志が頭のなかから
追い払われたとき，それとは質的に異なる一般意志が市民の視界に入ってく
る．

　ルソーの議論を〈共通説〉の一形式として解釈する見解もある（Runciman
and Sen, 1965）．すなわち，囚人のジレンマ状況で［3章3 (1)］，各自の支
配戦略としての裏切りを特殊意志，パレート劣位を導く選択（裏切り×裏切
り）を全体意志，逆にパレート最適を導く選択（協力×協力）を一般意志と
規定する．筆者はこの見解には賛同できない．なぜならルソーは，個々の市

民に対して共同体のために自己を犠牲にすることさえ要求しているからである（ルソー，1954：2 編 5 章）．これは，各人が自分の私的利益を脇に置くこと，すなわち社会契約を通じて選好順序そのものを変えることを意味している（アロー，2013：7 章 3 節）．

　また，「公共の幸福」を重視するという点では，ルソーの議論は功利主義が唱える〈総和説〉に近いように見えるかもしれないが，それもやはり異なる（コールマン，2006：34-37；ロールズ，2020：461-462）．人々が共同体の一般意志に従うのは，それが私的利益の総和としての公共の利益を増加させるからではない．むしろ個人は，社会契約を通じて自分の私的権利を共同体に全面的に譲渡し，自己と共同体を一体化させるのである．功利主義の論理では，個人の幸福が公共の幸福の基礎になるのだが，ルソーの論理では，まったく逆に公共の幸福が個人の幸福の基礎になる．

　しばしば古典古代のスパルタや共和政ローマを参照することからもわかるように，ルソーの議論は共和主義思想に深く影響を受けており，ある種の前近代性を帯びた個人主義以前の〈独立説〉に位置づけられる［2 章 2 (1)］．ルソーにとって社会契約とは，政治革命を通じて個人のなかに精神革命を実現する試みである．ホッブズは，各人は私的利益の最大化を目的として合理的な手段を用いるという合理性仮定を手放さなかったがゆえに秩序問題を抱えることになった［3 章 3 (2)］．ルソーはまさにこの仮定を，所与の前提ではなく変革の対象とするのである（ルソー，1954：1 編 8 章）．

　とはいえ，人々がつねに自己と共同体を一体化させ，一般意志のみによって導かれるとは限らない．確かに，共同体を設立する社会契約それ自体は全員一致によってなされなければならないが，いったん共同体が形成されると，個々の集合的意思決定にまで全員一致を期待することはできない．このように，人々の意見がつねに同じ方向を向かない場合に，一般意志を決定する方法が投票による多数決である（ルソー，1954：4 編 2 章）．各人はそれぞれ熟慮に基づいて意思決定に参加する．投票で問われているのは，各自の選好ではなく，「公共の利益とは何か」に対する各自の意見であることに注意し

てほしい．

　多数決の結果，多数派の意見と自説が異なっていたらどうだろうか．ルソーによれば，それは単純に，自分が公共の利益だと思っていたものがただの思い違いにすぎなかったことを証明しているにすぎない．投票の結果得られた多数派の意見は正しく，少数派の意見は間違っている．なぜなら，「一般意志は，つねに正しく，つねに公けの利益を目ざす」からである（ルソー，1954：46）．ここには2つの謎がある．第1に，なぜ全員一致ではなく多数決が採用されるのか．第2に，なぜ多数決の結果はつねに正しいのか．こうした謎は，ルソー以降の民主主義論で徐々に解き明かされてきた．

(2)　全員一致と多数決

　第1の謎から始めよう．人々が集団単位で意思決定するために，どのような仕組みがあるだろうか．理想は全員一致である．そうすれば個人の意見と集団の意思は無理なく一致する．しかしながら，自治会や管理組合など，身近な意思決定場面を思い浮かべればすぐにわかるように，一定数以上の集団において全員一致というルールを満たすことは，現実にはほとんど無理難題である．そのためには膨大な時間をかけて説得を重ねる必要があるだろう．集団が10人，100人でもその意思決定費用は高くつき，ましてや数百万，数千万ともなれば全員一致のハードルは絶望的に高くなる．

　そのため通常，集合的意思決定においては，集団の全員ではなく——過半数による単純多数決であれ，3分の2などの特別多数決であれ——その多数派の意見を集団全体の意思と見なして採択するという，多数決ルールが代わって採用される．しかし，全員一致からの乖離はつねに副作用をともなう．すなわち，その決定に最後まで同意しなかった人々の自由を制限する事態である（政治的外部性と呼ばれる）．集合的意思決定にともなって生じる外部費用は，最終的な意思決定に反映される人数が多ければそれだけ低くなるが，人数が少なければそれだけ高くなる——もっとも高いのは，1人が決めて他の全員が従う独裁である．

これら2つの費用は，どちらか
を低めようとすれば逆にどちらか
が高くなるトレードオフの関係に
ある．図式的に示してみよう（図
4−1）．n 人からなる社会を想定
する．意思決定費用（c_1）とは，
同意を確保するために必要な時間
と労力である．外部費用（c_2）と
は，他人の意見に渋々従うことで
本人が負う費用である．これらの

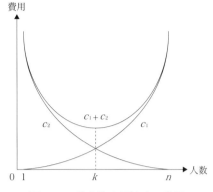

図4−1　集合的意思決定の費用

費用を合成すると，集合的意思決定の費用をトータルで最小化する選択肢は，
独裁と全員一致の中間，すなわち単純多数決付近になることがわかる（k/n）．
ただし，費用を最小化する具体的な人数（k）は，費用関数の形状によるため，
どの争点に関しても単純多数決がつねに優れているわけではない（ブキャナ
ン／タロック，1979：6章）．

　ちなみに，ホッブズであれルソーであれ，社会契約の時点で全員一致が可
能である理由は，反対者は単純に共同体の形成から排除されるからである．
逆に言えば，全員一致ルールの意思決定費用が高くなる理由は，反対者を共
同体の構成員から除外できないからである．集合的意思決定において，最後
の1人が最後まで頑として首を縦に振らないならば，その人を説得する時間
と労力は際限なく高くつくだろう．その場合，反対者は多数派の意見を打ち
消すほどの拒否権をもつわけである．費用の観点から見れば，1人の個人が
集団全体を左右できるという意味で，独裁と全員一致は実は対称的な関係に
ある．

　すると現実の民主主義は，以上2つの費用を睨みながら，独裁と全員一致
のあいだのどこかに落としどころを見つけることになるだろう．一方で，多
数決の長所は，決定が迅速になることであり，その短所は，決定に反対する
意見が尊重されないことである．他方で，合意形成の長所は，決定に対する

不満が抑えられることであり，その短所は，決定が遅滞することである．日本の国会制度を見ても，通常の法案の可決が出席議員の過半数によるのに対して，衆議院の再可決は出席議員の3分2以上，憲法改正の発議は各院で総議員の3分2以上の賛成を必要とするなど，意思決定の中身に応じて一致度の違いがある．

　実際，一口に民主主義社会といっても，その具体的なあり方は一様ではない（レイプハルト，2014）．例えば，イギリスのような，言語・宗教・文化において一定の同質性に基礎づけられた国家では，二党制，多数代表制，単一制といった制度のもとで多数決ルールが採用されている（多数決型民主主義）．逆に，スイスやベルギーのような多民族・多文化国家では，多党制，比例代表制，連邦制といった制度のもとで，社会の各部門が協調的に合意形成をはかる政治が実践されている（コンセンサス型民主主義）．集合的意思決定の費用の観点からこれらの異なった政治制度を比較すると，それぞれの長所と短所が明確になる．

(3)　コンドルセの陪審定理

　費用の観点から全員一致ではなく多数決が採用されていることはわかった．しかし同時に，ルソーの見立てでは，多数決によって得られた結果は同時に「つねに正しい」のである．なぜたまたま多数の市民が賛成しただけで，その意見が正解だと断言できるのか．私たち一般人の多くは，個々の争点について専門知識を備えているわけでもなければ，それを一から学ぶ時間や余裕があるわけでもない．むしろ，こうした個々の争点については，多数の一般人がたまたま選んだ意見よりも，その道の少数の専門家に頼った方がよいのではないか．

　確かに，一人ひとりを比べてみれば，一般人がもっている知識は，専門家がもっているそれに比べて貧弱かもしれない．しかし実は，民主主義が原理的に備えている機能は，この一般人の能力の限界を大きく引き上げることができる．すなわち，集合知をうまく活用することによって，一般人は専門家

をも凌駕するような力を発揮できるのである．民主主義に価値があるのは，それが数ある意思決定方式のなかで，正解を導くための最善の方式であるからだ．この考えを根拠づけたものとして，18 世紀フランスの数学者ニコラ・ド・コンドルセに由来するコンドルセの陪審定理がある．

　説明しよう．ある人がある決定につき，正しい判断をする確率を v とする．ここで，一般人 101 人の v が一定して 0.6 であるとしよう．すなわち，かれら一人ひとりは，1 度の意思決定につき，60% の確率で正解を当てる能力がある．これは少なくとも，表裏のコイントスで物事を決めるよりも合理的である．その一方で，当該の争点について有益な知識を備えた専門家が 1 人いる．専門家の v は 0.9 であるとしよう．すなわち専門家は，1 度の意思決定につき，90% の確率で正解を当てる能力がある．

　ある争点につき，二者択一の決定を下すとしよう．一般人と専門家の意見のうち，どちらの決定がより信頼できるだろうか．一見すると，答えは明らかだろう．数字のうえでは，$v = 0.6$ の一般人より，$v = 0.9$ の専門家の方が，より正解に近いように思われる．しかし，民主主義において集合知の機能が真に発揮されるのはここから先である．なぜなら，一般人は単独ではなく，複数——この場合 101 人——いるからだ．

　101 人の一般人が，当該の争点について，各自の独立した判断に基づいて意見を表明したらどうなるだろうか．そのなかには正解を導いた人も，不正解を導いた人もいる．民主主義はこれらの複数の意見を公平中立に，同じ 1 票として集計する．すると，サイコロを無限に振り続ければ，各面の出現割合が限りなく 6 分の 1 に近づいていくように，正解者側の全体に対する割合は，限りなく 60% に近づいていくだろう．この現象は，確率論の世界で「大数の法則」と呼ばれている．

　正解者側の全体に対する割合が，大数の法則により 60% に近づくまで十分に意見を集めたところで，多数決をとったらどうなるだろうか．60% の正解者側が 40% の不正解者側にほぼ確実に勝利する．正解者側が多数決に勝利する確率は，参加人数が増えれば増えるほど飛躍的に 100% に近づく．

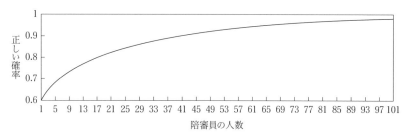

出典：坂井，2015：65．

図4-2　*v* = 0.6 の場合，多数決の結果が正しい確率

　要するに，*v* = 0.6 の一般人が 101 人集まるだけで，多数決を用いてかれら
が全体として導き出す結論の正解率は，*v* = 0.9 の専門家のそれをも凌ぐの
である（図4-2）．

　理屈はこうである．まず一般人3人（*a*, *b*, *c*）の場合を考える．多数決
の結果，正解者側が勝利するのは，2人以上が正解者である場合である．2
人が正解者である確率は，2人の組み合わせが（*a*, *b*），（*a*, *c*），（*b*, *c*）の
3通りあるので，0.6 × 0.6 × 0.4 × 3 = 0.432．3人とも正解者である確率は，
0.6 × 0.6 × 0.6 = 0.216．合計すると正解率は 0.648．すなわち，一般人1人
の正解率が 60% であるのに対して，3人で多数決をとった場合の正解率は
64.8% に上昇する．このように参加者を増やしていくと，101 人の段階で，
正解率は約 98% に達する．

3.　民意の合理性

(1)　陪審定理の裏面

　以上の理屈を踏まえると，多数決の結果がつねに正しいというルソーの一
般意志論は俄然説得力を帯びてくる．もしコンドルセの陪審定理が正しけれ
ば，私たちは民意が尊重されるべきことの強力な理由を手に入れたことにな
る．何しろ，多数の一般人の意見は，1人の専門家の意見よりも正解に近づ
くことが数学的に証明されているのだから．一般人一人ひとりの合理性が専

門家に劣っていることは問題ではない．ここでは，いわば「数がものを言う」のである．少なくともコイントス以上の合理性をもつとき，一般人による集合的意思決定の結果は必ず社会にとって最善の政策を選び出す．

　ところで，コンドルセの陪審定理は，一般人が一定してコイントス以上の正解率（例えば$v = 0.6$）をもつことを前提にしている．しかしながら，かりにその正解率がコイントス以下（例えば$v = 0.4$）だったらどうなるだろうか．すると同じ定理から，今度は多くの一般人が決定に参加すればするほど，不正解者側の全体に対する割合は 60% に達し，40% の正解者側を凌駕することになるだろう．その結果，多数決によって導かれる答えは，逆に限りなく不正解に近づくことになる．

　これが意味していることは，民主主義が良い結果をもたらすかどうかは，自動的に決まるわけではないということだ．むしろそれは，一般人の正解率が $0.5 < v < 1$ に収まるか $0 < v < 0.5$ に下落するかによって，振り子が一気に振れるように，真逆の結論を導きかねないのだ．民主主義という意思決定方式は決して，いつでもどこでも通用する万能のレシピではない．それは，一般人の熟慮が少なくともコイントス以上の信頼性をもつという，場合によっては危うい前提のもとに成り立っているのだ．

　実際，議会政治が確立し，選挙権が制限選挙から普通選挙へと拡大していった過程では，十分な知識をもたない市民層が政治を左右しかねないことについて，つねに——多くの場合知識人層から——懸念の声が上がってきた．かれらは，産業革命・人口増大・階級対立といった社会背景のもと，少数者の専制よりも多数者の専制の危険性が高いことを指摘する（トクヴィル，2005：2 部 7 章；ミル，1997：7 章）．ただしかれらも，政治参加の経験がもたらす教育的機能によって，市民の合理性は漸進的に改善するだろうとの見通しはもっていた．

　20 世紀前半には，都市化にともなう地域社会の衰退やマスメディア技術の普及により，大衆社会化が叫ばれるようになった．こうした背景のもと，政治的・経済的不安定を糧にドイツで勢力を拡大したのが，アドルフ・ヒト

ラー率いるナチ党である．ヒトラーはミュンヘン一揆の失敗後，合法的な政治活動に軸足を移し，巧みな大衆宣伝により支持率を拡大させた．実際には多くの暴力沙汰に支えられていたのだが，ともかくナチ党が，ワイマール共和国という，男女普通選挙を世界に先駆けて導入した当時の民主的先進国のなかで台頭していったことは，今日に至るまで民主主義の行方に立ちはだかる暗雲となっている．

(2) 合理的無知と合理的非合理性

より都合の悪いことに，一般人がたとえ合理的だったとしても，その政治行動が合理的になるとは限らない．すなわち，合理的選択学派 [2章3 (1)]のなかで発見された合理的無知である．人々ははたして合理性を改善するため，自発的に知識を増やそうとするだろうか．私たちが時間と労力をかけて得た知識も，1票に変換されてしまえば，実際の意思決定への影響力はほとんど無に等しい．それゆえ，人々は知識の獲得などさておき，もっと重要な事柄に時間と労力を費やすだろう．合理的個人は，情報費用を冷徹に判断して，あえて無知であることを選択する．これは本人が非合理的であるどころか，合理的であるからこそ生じるのだ（ダウンズ，1980：12章）．

また，1990年代以降発展を遂げている行動経済学の知見を踏まえて，有権者は自ら進んで非合理的投票を行ってすらいるという合理的非合理性も指摘されている．なぜ市民は非合理的投票を行うのか．それは人々が投じる1票の意思決定への影響力がほとんど無に等しいからである．意思決定の結果への影響力の低さから，人々はしばしば，真実の追求よりも誤った思い込みに従うことによる心理的満足を求めて投票する．こうした無責任な1票が集積することで，社会全体としては非合理的としか言えないような政策や，それを掲げる政治家がなぜか選ばれてしまうのだ（カプラン，2009：5章）．

オックスフォード英語辞典は，2016年の世界の今年の言葉として「ポスト真実」を挙げた．SNS の発達により，フェイクニュースの拡散に見られるように，客観的な事実よりも虚偽の方が人々に影響力をもち，政治に対す

る真実と虚偽の境界はますます容易に越えられる状況が生じている．こうした現象は，同年にイギリスの国民投票でEU（欧州連合）離脱が決定し，アメリカ大統領選でドナルド・トランプ大統領が誕生したことが相次ぐなかで大きな注目を集めた．そういえば，「煽動政治家」という言葉も「民衆」を由来としている点で民主主義と実は紙一重である．

　一般論として，民主主義のもとで専門知をどのように活かすかは難しい問題である（内山・伊藤・岡山，2012）．政治的意思決定に際してその合理性を確保するためには，民主的に表出された意思からあえて独立している方が望ましい場合もある．こうした観点から，例えば日本でも，会計検査院・人事院・内閣法制局などは，程度の差はあれその時々の政権の意向から一定の独立性を保ってきた．また，中央銀行である日本銀行の独立性も，近年の金融政策における政権との一体性の是非が問われるなかでしばしば話題になる．

(3)　ポピュリズム

　イギリスやアメリカのみならず，今世紀に入ってから，ヨーロッパや南米，アジアなど全世界的に，ポピュリズムの政治が右派・左派を問わず目立つようになってきた．ポピュリズムとは，反主流・反体制を掲げ，自分こそが真の人民（主権者かつ普通の人）の利益を代表していると主張する理念や手法のことである．政治現象としてのポピュリズムは，おそらく民主主義の歴史と同じくらい古くから見られる現象かもしれないが，名称の由来となった直接の契機は，19世紀後半の大不況時代にアメリカ南部で短期間登場した人民党である．

　ポピュリズム現象には，幾つかの最大公約数的な特徴がある（ミュデ／カルトワッセル，2018：1章；ミュラー，2017：序章）．第1の特徴は，反エリート主義，すなわち専門家・富裕層・メディアへの攻撃である．社会は特権階級層と，それによって抑圧されている人民に二分されており，現在の政権のような既存の権力者は前者と結びついている．こうした特権階級層は知識と富を独占し，メディアをコントロールしているが，ポピュリスト政治家

は人民に直接語りかけることで，こうしたエリート支配を打破することができると自称する．

　第2の特徴は，反多元主義，すなわち人民の純一化・実体化と反対意見の排除である．ポピュリスト政治家は自分を被抑圧者を解放する救い主，その利益の代弁者であると宣伝し，それゆえ自分に反対する者は人民の敵であると吹聴する．こうして，社会を友か敵かの二分法で分断し，自分の政治的影響力の糧にする．トランプは大統領選中に次のように言った．「ただひとつ重要なことは，人民の統一である──なぜなら，他の人びとなどどうでもよいからだ」（ミュラー，2017：29重引）．こうした傾向は，自国の内外で外国人に対する排外意識とも結合しやすい．

　以上2つの特徴は，ポピュリズムが政治的イデオロギーとして根本的に新しいことを示している．それは時代と地域によって，右派的主張にも左派的主張にも容易に結びつく．それは保守勢力と革新勢力のような，いわゆる左右で表現される従来の方向性よりも，むしろ一般人層からの突き上げという上下の方向性を帯びている．公共の利益は特権階級層によって簒奪されており，それを人民の手元に取り戻さなければならない．それゆえ，しばしば煽動的な指導者をともなうにもかかわらず，ポピュリズムは人民投票のような直接民主主義とも相性が良い（水島，2016：1章）．

　どうやら私たちは，市民革命期に公共の利益を実現する手がかりとして期待を寄せた民主主義が，実は一筋縄ではいかない政治制度であることに，今ふたたび直面しつつあるようだ．近年の政治学では，足による投票やエピストクラシー（賢人政治）など，別の可能性の再評価も進み，民主主義が無条件に善であるとは言えなくなっている（ソミン，2016；Brennan, 2016）．市民革命期に人民主権が華々しく掲げられてからすでに2世紀以上が経過した．民主主義という意思決定方式が私たちをどこに連れていくか，依然として壮大な実験の只中にあると言っては言いすぎだろうか．

第5章
権力分立
―ケーキを公平に切り分ける方法―

1. 権力分立とは何か

(1) 抑制と均衡

19世紀イギリスの歴史家ジョン・アクトンは次のような警句を残している──「何らかの仮定をするなら，権力が増すほど，逆にますます権力者に不利な仮定をするべきだ．権力は腐敗する．絶対的権力は絶対に腐敗する」（バトラー＝ボードン，2016：50重引）．はじめは拍手喝采のもと権力の座に就いたはずなのに，次第に権限が増え，取り巻きが増え，言うことなすことがそれ以前とは変わっていく．周囲の諫言に聞く耳をもたない権力者ほど，尊大・傲慢になり，理想像からかけ離れていくことは，家族や学校，会社のようなミクロな社会関係においてもよく見られる，いわば人間の性である．

ところで，政治の営みの一部には権力的側面が必ず含まれている［1章3(1)］．政治とは多様な意見を単一の決定にまとめ上げる集合的意思決定であり，最終決定に対する反対者がほとんど必ず生じる．反対者に対して，自分とは異なる意思に無理やり従わせるしかない以上，その手段として政治に権力は必要不可欠なのである．そこで，もしアクトンの警句が正しければ，政治の営みは原理的に腐敗の可能性をつねに孕んでいる，というかなり困った事態になる．本章で取り上げる権力分立とは，このように堕落しがちな政治権力に対して人類がその長い歴史のなかで考案してきた歯止めである．

絶対権力の典型といえば絶対王政だろう．国王は対内的最高性と対外的独

立性を備えた孤高の主権者として，国内を一元的に統治した．これに対して市民革命は，国王の絶対権力に対抗しうる代替的な政治権力を議会に結集することから始まった．例えば17世紀のイギリスでは，中世以来の身分制議会の伝統を拠り所としながら，国の財政問題などについては国王といえども物事を専断的に決められないとの主張を掲げた．こうして政治権力の一部を国王から議会に引き剥がすことで，権力分立が思想的にも制度的にも定着してきたのである．

　権力分立とは，政治権力を複数の統治機関に分割し，抑制と均衡をはかることである．ここには，ひとつの権力をひとつの機関に割り当てる分離の側面と，ひとつの権力を複数の機関に関与させる分有の側面がある．例えば日本国憲法では，国会は立法権を有する一方で（41条），国会の活動は内閣の助言と承認に基づく天皇の召集を必要とし（7条），立法権は衆議院と参議院が分有し（42条），法律の成立後は主任の大臣の署名および首相の連署を必要とする（74条）．権力分立という字面からは分離の側面に目が行きがちであるが，各機関がバラバラの方向ではなく一定の方向に向かう必要がある以上，分有の側面も無視できない．

　権力分立の観念は，古くは政治権力に対して諸身分をそれぞれ参与させる，古代ローマの混合政体に代表される共和主義思想に見出される［2章1（1）］．しかしながら，近代市民革命以降は，政治権力への共同参与というよりも，政治権力の暴走を防ぎ，国家と対峙する個人の権利を保障するという自由主義的側面が強調されるようになる［3章1（1）］．かくて，フランス人権宣言は次のように掲げる——「権利の保障が確保されず，権力の分立が規定されないすべての社会は，憲法をもつものでない」（16条，高木・末延・宮沢，1957：133）．

（2）　権力分立と公共の利益

　近代政治の幕開けに権力分立思想が登場したのは17世紀半ばのイギリスである．絶対王政化を目指し，議会を停止して専横的に振舞うチャーチル1

世に対して，清教徒が議会を根城として抵抗し，1642年には王党派と議会派のあいだで実質的な内戦状態に陥った（清教徒革命）．革命の進行下でトマス・ホッブズが『リヴァイアサン』（1651年）を著し，政治権力の絶対性を支持したのと同時期に，ジェームズ・ハリントンは『オシアナ』（1656年）を著し，『リヴァイアサン』を名指しで批判しながら革命のあるべき行方を仮想的に描き出した．

　ハリントンにとって，政治権力の基盤は土地所有という経済関係にある．土地（の大半）が1人の人間に所有されるときに絶対王政と呼ばれ，少数者に所有されるときに混合王政と呼ばれ，国民に所有されるときにコモンウェルスと呼ばれる．当時のイギリスはすでに最後の段階に達しており，統治機構もそれに沿って，複数の身分に複数の権力を割り当てる混合政体として再編されなければならない．具体的には，立法権を有する議会を2院に分け，討議機関としての元老院と議決機関としての民会を設置し，それに法律を執行する行 政 府をつけ加えた統治機構とする．

　なぜ権力を別々に割り当てることが，騒乱の可能性を押さえ，秩序形成に役立つのか．ハリントンによれば，その答えはケーキを切り分けようとする2人の少女のなかに示されている．もしケーキを分ける人間とケーキを選ぶ人間が同一だったらどうなるだろうか．自分の取り分を最大化するために，不平等な切り分けを行うに違いない．こうして生じうる不和を避けるために，2人の少女はケーキを分ける役割と選ぶ役割をあらかじめ別々に割り当てておくだろう．同様にして，コモンウェルスのあらゆる謎がこれで解決する．曰く，

　　　あらゆるばあいを通じて，個人的利害のほうが手近にあるにもかかわらず，共通の権利や利益を優先させるであろうような，いな，優先させるに違いないような秩序が，どんなばあいにも一様な確実さ，容易さをもって確立されるということは，少女たちでさえ心得ていることであり，さまざまなばあいに，かの女らによって実際に用いられているのである．

（ハリントン，1962：246）

　こうしてハリントンは，個人の権利を起点とする近代自由主義思想とは別の観点から，共和主義の系譜に属する古代の知恵を借りて，腐敗の源泉である絶対権力を阻止するための権力分立を主張した．すなわち，「元老院においては貴族政の性質を，民会においては民主政の性質を，行政府においては主政の性質を分有することとなり，そのコモンウェルスは完全なものとなるのである」（ハリントン，1962：248-249）．ハリントン自身は革命の顛末のなかで不幸な生涯を終えたが，彼の思想はその後ハリントン主義者に受け継がれ，1世紀後のアメリカ独立革命にも影響を与えた．

　権力分立は，議会や執政部，行政機関など，統治機構全体を制御するための管理システムのようなものである．同時にそれは，政治腐敗を防ぎ，公共の利益を実現するための仕掛けとして，古典古代から連綿と受け継がれてきた長い歴史をもっている．日本ではいわゆる「三権分立」モデルがよく知られているが，それはよく言っても権力分立の一面を表しているにすぎない．本章では，権力分立の前提になっている政治権力の本性について論じることから始め，権力分立思想の複数の系譜を歴史的・理論的に辿ってみたい．

2.　政治・権力・腐敗

(1)　政治と権力

　権力の分立に先立ち，はじめに権力それ自体の性質について見てみよう．権力はしばしば政治のイメージに付きまとう——例えば，権力者としての政治家といったような．権力とは，社会学者マックス・ヴェーバーの定義では，「或る社会的関係の内部で抵抗を排してまで自己の意志を貫徹するすべての可能性」のこと（ヴェーバー，1972：86），もう少し平たく言うと，その意に反して他人に言うことを聞かせる能力のことである．意思決定の場面で意見対立が生じると，いつまで経っても決定が下せない．こうした場合に手っ

とり早い手段は，自分の意見に他人の意見を従わせてしまうことである．

　国会の本会議での採決の結果，ある法案が賛成多数で可決されたとする．最後までその法案に反対する議員や政党はいたかもしれないが，いったん成立した以上，その法律が国会の，そして――国会は国民の代表なのだから――市民の意思として，正式に効力をもつようになる．今や，もともと反対だった人も，その法律に拘束され，嫌々ながら従わなければならない．ともかく何らかの集合的意思決定を下すことを迫られたとき，政治は反対勢力に対して権力として作用するのである．

　このように，権力は多様な意見を単一の決定に集約するための仕組みのひとつである．とかく権力行使にはネガティブなイメージが付きまとうし，それも理由のないことではないが，最後の1人でも反対者が残り，にもかかわらずどこかで決定を下さなければならないとき，民主的であるとされる多数決ルールでさえ権力的側面を包含している［4章2 (2)］．その意味では，一定規模以上の社会において，権力行使をまったく含まない集合的意思決定はほとんどありえないだろう．権力は政治という本質的に厄介な営みを成り立たせるための，いわば必要悪であるということだ．

(2)　権力の資源

　いったいどのような方法で，権力者は権力を振るうのだろうか．政治学者のハロルド・ラスウェルは，権力現象を価値の付与ないし剥奪という観点から分析した．私たちは様々な事柄に価値を見出している．そうした価値をいわば「飴と鞭」として利用することで，権力者は「抵抗を排してまで自己の意志を貫徹する」．身近な例を挙げれば，成績が上がればプレゼントを買ってあげる，逆に成績が下がればゲームを禁止するといった価値の付与ないし剥奪を通じて，親は子どもの行動を変えさせることができるだろう．より広い社会関係においても，権力者がもつ権力の資源は本質的に変わらない．

　人々が行為の指標とする価値は，「安寧」「富」「技能」「開明」のような，本人に領有される価値（福利価値）と，「権力」「尊敬」「徳義」「愛情」のよ

うな，他人との関係のなかで発揮される価値（尊厳価値）に分かれる．これ
ら8つの価値が，それぞれ資源としての価値（基底価値）をもつか，目標と
しての価値（範囲価値）をもつかに応じて，権力の諸形態が区別される．例
えば，権力を基底として富に対して向けられるのが，課税や許認可のような
政治経済的権力であり，逆に富を基底として権力に向けられるのが，票や公
職の買収のような経済政治的権力である（ラスウェル／カプラン，2013：5
章）．

　ある価値が基底価値にもなるし，範囲価値にもなるということは，権力が
自己増殖的な傾向をもつということだ．権力志向的な人物は，手元の価値を
元手として別の価値を手に入れ，さらにそれを元手として別の価値を手に入
れることができる．権力は貨幣に似ていて，資源の役割と目標の役割を次々
と転移しながら，それ自身が備える一種の磁力をもって互いを引きつける．
それゆえ，「権力の総量は，他の権力保持者によって制限される点まで，増
大する傾向がある」．例えば，

　　富で高い位置を占める人は，欲するなら経済政治的権力により富をさら
　　に増やすのも可能となる．その人は富を通じて尊敬を得るだろうし，そ
　　れで顧問資格をも得るかもしれない．富と尊敬の双方を基底として，そ
　　の人は権力以外の諸価値——例えば開明——にも影響力を及ぼしうるし，
　　有料広告や権威を背景として自分の政治的な思考様式を伝えることもで
　　きよう．（ラスウェル／カプラン，2013：127，130）

　ラスウェルはさらに，こうした権力がどのような人間と結びつくかを明ら
かにしている．ある種の人々は，数ある価値のなかでも権力に1番の価値を
置く．こうした政治性を体現する人間は，経済学における「経済人」の仮定
[2章3(1)]に準じて「政治人」と呼ばれる——「わたくしの指す政治人の
イメージとは，権力に飢えた人間のそれである」（ラスウェル，1961：66）．
ラスウェルは，政治的人間がどのように生まれるかを精神分析の手法を通じ

て説明する．具体的には，生い立ちの不幸や周囲の低評価といった価値剥奪
の経験を補償したいという私的動機が，権力志向の原点にあるようだ．

　ある種の人々は，こうした個人的背景を公的目的に転位することで，公共
の利益を目指す政治的人間へと成長する．ただ価値剥奪の代償として権力を
志向するだけでは，周囲からの理解や賛同を得られないため，政治的には成
功できない．もともとはごく私的な動機であっても，そのエネルギーを公的
目的に転位する技術と機会に恵まれたとき，歴史に名を残すような典型的な
政治家が現れる．ラスウェルによれば，その公式は次のとおり──「私的動
機を，公の目的に転位し，公共の利益の名において合理化する」（ラスウェル，
1961：47）．

　ラスウェルはこの公式に当てはまる政治的人間像を，さらに強迫型・劇化
型・冷徹型に細分化し，具体的な政治家の分析も交えながら，それぞれが追
求しがちな政治的役割などを考察している（ラスウェル，1961：4 章）．政
治家とはいえ，もとは様々な背景をもった 1 人の個人であり，その私的動機
が公的目的に結びつくとき，社会全体を束ねるような政治的人間が生まれる．
こうした精神分析的考察は，民主主義の時代にあってそれに相応しい政治的
人格を育成するための知見をも提供するのである（ラスウェル，1955：1 部）．

（3）　権力と腐敗

　ここで，「権力は腐敗する」というアクトンの警句に立ち戻ろう．腐敗とは，
公職者が公共の利益ではなく私的利益のために権力を用いることである（フ
ィスマン／ゴールデン，2019：2 章 1 節）．一口に腐敗と言っても，その形
態は賄賂，買収，談合，接待，癒着，縁故主義，ゆすり・たかり，横領，リ
ベート，口利き・袖の下など無数にのぼる．ラスウェルが言うように，政治
的人間のそもそもの出発点に何らかの私的動機があるならば，何も手を講じ
なければ，政治権力と私的利益が結びつくことはほとんど不可避的であるか
もしれない．

　本人‒代理人関係［1 章 2］に当てはめると，腐敗は本人と代理人のあい

だにスラック（緩み）が生じるエージェンシー問題の典型例である．主権者である市民は，代理人がそれを自分たちのために用いてくれることを期待して，政治権力を公職者に一定期間預ける．しかしこの委任期間中，代理人は一定のフリーハンドをもつことになる．公共の利益は単なる政策の失敗によっても損なわれうるが，少数の代理人が多数の本人の利益を度外視して自分の私的利益を追求する結果，腐敗によって公共の利益が損なわれる可能性は非常に高い．

腐敗はある国が社会的・経済的近代化を遂げる際に生じやすいようである．その背景として，第1に，社会の規範や価値観が急速に変化し，その判断基準が一時的に曖昧になること，第2に，新資源をもった新勢力が台頭し，旧支配層と新勢力層のあいだで権限配分の齟齬が生じること，第3に，中央集権化が進展するにつれて，政府の権限が質的にも量的にも拡大することなどが挙げられる．確かに日本でも，幕末維新期，高度経済成長期，バブル経済期など，社会・経済の大きな変動時に汚職事件や疑獄事件が多発している（岩井，1990：序章）．

腐敗の発生に対しては肯定的評価と否定的評価がある．肯定的評価としては，腐敗は変化に見合わない既存の硬直した制度や構造に対する一種の潤滑油になることで，効率性を高めると言われる（ハンチントン，1972：1章3節）．否定的評価としては，腐敗は低開発諸国に見られる法の不遵守のような状態（軟性国家化）をもたらし，効率性を低めると言われる（ミュルダール，1974：14章）．双方の妥当性については諸説あるが，1990年代後半の世界銀行の調査などを経て，現在では否定論の見解が強まっているようだ（フィスマン／ゴールデン，2019：4章）．

（4）　腐敗の規制

本節で見たように，政治は権力を必要とするが，同時に権力は腐敗をもたらす．なぜ腐敗は減らないのだろうか．腐敗は公共の利益を損なうが，個々の市民の私的利益を必ずしも損なうわけではないので，大目に見られやすい．

それどころか，賄賂や買収などは，権力者の私的利益になると同時に，一部の市民の私的利益にもなる．すなわち，腐敗が生じることは，部分（個人）にとっての合理的選択が全体（集団）にとって非合理的な結果をもたらす社会的ジレンマの一例という側面をもっているのだ［3章3］．そこで，ジレンマを解くためには個人の意識改革以上の何らかの制度的仕組みが必要になる．

　それでは，腐敗を防止するためのさらなる政治権力を設立したらどうか．しかし，単純に腐敗対策用の政治権力を設立するだけでは何の解決にもならないどころか，むしろ事態を悪化させかねない．なぜなら，権力の腐敗を防止する上位の権力もまた，それが権力である以上絶えず腐敗の誘惑に晒されるからである．アクトンの警句が示すように，その他の腐敗を防止しうる絶対権力は，それ自体が絶対的に腐敗する．これは，古代ローマから言い伝わる古典的な「見張り番を誰が見張るのか」問題である．

　このように，腐敗の防止を垂直的に捉えるなら，権力者 *a* を監視する上位の権力者 *b* を監視する上位の権力者 *c* ……といったように，問題を雪だるま式に大きくするだけかもしれない．この悪循環を断ち切るためにどうすればよいか．ひとつの方策は，あらゆる権力者の上位に権力者ならぬ法律を置くこと，すなわち人の支配ではなく法の支配に頼ることである．客観的に明示された実定法であれば権力者の恣意に左右されることはない．とはいえ，あらゆる腐敗の規制をあらかじめ法制化することは現実的ではないし，結局法の執行も人間に委ねられるため，この方策による腐敗の根絶にも限界があるかもしれない．

　もうひとつの方策は，互いに絶対的にならないような複数の権力者 *a, b, c,* ……を並列的に配置し，相互の腐敗を相互に監視させることである．これが，ハリントンが示唆していた腐敗防止のための制度策，すなわち権力分立である．ケーキを分ける役割と選ぶ役割を別々に割り当てるように，様々な権力作用を別々に割り当てることで，互いの思惑を打ち消す抑制と均衡が実現できる．三権分立論を世に広めたことで知られる18世紀フランスの法学者シャルル・ド・モンテスキューは次のように言っている．

およそ権力を有する人間がそれを濫用しがちなことは万代不易の経験である．……権力を濫用しえないようにするためには，事物の配置によって，権力が権力を抑止するようにしなければならない．（モンテスキュー，1989：289）

3. 権力分立の仕組み

(1) ロック型とモンテスキュー型

モンテスキューの権力分立論に影響を与えたのが，17世紀イギリスの思想家ジョン・ロックである．ロックは名誉革命期，ホイッグ（議会派）の立場に立ってトーリー（王党派）の論理を批判しつつ，ホッブズの社会契約論を継承し，自然状態から各人の同意に基づき政府が設立される過程を描いた．ただしその結論として，政治権力の絶対性に行き着いたホッブズとは裏腹に，政治権力を制限し，場合によっては政府に対して市民が革命権を行使することすら肯定した．こうしてロックは，実際に国王を排斥して議会主権を確立した名誉革命の知的イデオローグとなったのである．

ロックの権力分立論は立法権の優越性を特徴としている．彼は立法権，執^{エグゼクティヴ}行権，連合権を区別し，「最高権力」である立法権を市民の信託を受けた代表者に割り当てる．執行権と連合権は同一人物が差配するが，いずれも立法権に従属し，その意思を実現する責任を負っている（ロック，2010：11-13章）．実際，名誉革命によって，ときの国王が議会の信任を失って失脚したことは，君主主権に代わる議会主権を確固たるものにした．革命後のイギリスでは，君主政は存続したものの，その政治権力は大幅に制限され，ジョージ1世の治世下では「君臨すれども統治せず」の原則が進んだのである．

その後イギリスでは，南海泡沫事件［3章1（2）］の後始末でジョージ1世の信任を得たロバート・ウォルポールが，1721年から20年以上に及ぶ長期政権を実現する．彼を中心とするホイッグの政治支配は，買収工作や官職

提供によって庶民院を操縦する政治腐敗をもたらした．結局ウォルポールは，議会の弾劾を避けるために自ら辞任し，これが内閣が議会に対して責任を負う責任内閣制の契機となる．ちなみに，ジョナサン・スウィフトの小説『ガリヴァー旅行記』（1726 年）には小人の国リリパットが出てくるが，その国の大臣として登場する人物はウォルポールがモデルだと言われる．

　モンテスキューはウォルポール政権下のイギリスに滞在して，市民革命以降のイギリス政治を見聞した．彼は，「政治的自由を国制の直接目的とする国民」であるイギリスの政体の特徴を（モンテスキュー，1989：290），――現実の政体との合致はともかく――同一の人物や団体により複数の権力が結合されていないことに求める．すなわち，君主政を前提として，立法権を担う議会に制定する権能を割り当てる一方で，執政権を担う国王に阻止する権能（拒否権）を割り当てる．両者がいわば政治のアクセルとブレーキの役割を交互に果たすのである．

　ロックとモンテスキューの結節点に位置づけられるのが，ウォルポール政権の政治腐敗を執拗に攻撃したトーリーの政治家ボリングブルックである．彼は自身の政権批判が名誉革命体制を否定する反動的主張であるとのレッテル貼りを避けるため，ホイッグ対トーリーの対立軸に代えてコート（宮廷派）対カントリ（在野派）の対立軸を打ち出した．在野の立場から現政権を批判することが，かえって公共の利益の回復に繋がるのだという彼の政党観は，その後党派を超えてエドマンド・バークに発展継承されることになる［10章 1 (3)］．

(2)　ヨーロッパからアメリカへ

　権力分立の観念を大々的に採用したのが，18 世紀後半にイギリスから独立したアメリカである．議会主権を確立したはずの本国に抑圧された経験をもつアメリカ諸邦は，立法権を含む政治権力全般に対する不信観を共有していた．その一方で，負債を返済し，対外的危機に対処するため，独立後は連邦政府の樹立に向かう．消極的な諸邦を説得するため，連邦政府の権力をい

かに抑制するかに主眼が置かれた．具体的には，第1に連邦制のもとで各州の権限を保障したうえで，第2に連邦政府内でも，議会を上下院に分割し，大統領に拒否権を与え，どちらからも独立した裁判所を設置するという徹底ぶりだった．

通説では，17世紀のイギリスで花開き，その後ヨーロッパにも伝播した自由主義思想が，海を渡ってアメリカ独立革命に継承されたとされる［3章1 (1)］．植民地人は，とりわけロックの社会契約論を聖典としながら，個人の自由を保障することを政治の究極目的に掲げ，革命権の実践としてイギリス本国に対して立ち向かったのだ．植民地という出発点を反転させることで，ヨーロッパの封建制や身分制のしがらみから逃れ，「生まれながらに平等」な条件のもとで，アメリカは自由主義を国是そのものとしていった（ハーツ，1994：1章）．

しかしながら，こうした正史的な見方はその後大きな修正に晒される．すなわち，アメリカ独立を思想的に支えたのは，アリストテレスやキケロに由来する共和主義思想であるとの理解である［2章1 (1)］．古典古代の共和主義は，ルネサンス期のイタリアで再注目されて17世紀のイギリスに辿り着き，ハリントンからその継承者を経由して，18世紀にはカントリによるコート批判を鼓舞すると同時に，植民地人の本国政府批判に継承された．かれらは，市民的徳の観念に依拠しながら政治権力の腐敗に対する抵抗の論理を紡いでいったという（ポーコック，2008：15章）．

18世紀の西洋諸国で影響力をもったのは自由主義か共和主義かという政治思想史上の一大論点は，自由主義の複数の系譜や共和主義の複数の系譜を細分化するさらなる解釈の多様性も生み出しながら，研究の進展を続けている（犬塚，2008）．加えて，当時は奴隷制が存在していたことや，先住民も含めた多民族・多文化社会であることも，アメリカという政治社会の無視できない一側面である．ともあれここでは，政治腐敗の批判や権力分立の観念それ自体が，自由主義や共和主義といった多様な知的背景に根差していることを確認しておきたい．

(3)　三権分立観の限界

　ところで，これまで日本政治の仕組みについて学ぶときに，立法（国会）・行政（内閣）・司法（裁判所）を3辺とする「三権分立」として学んでこなかっただろうか．こうした鼎立的な権力分立の捉え方は，明治維新時に新政府構想として布告された「政体書」（1868年）に遡ることができるが，立法・執政・司法を1–3章にそれぞれ割り当てるアメリカ合衆国憲法をひとつのモデルにしているようだ．ともあれそれは，本書で取り扱う政治学の枠組みからは幾つかの空白を残しているので，注意して論じなおす必要がある．以下，日本政治の制度と実態に照らし合わせながら，三権分立観の限界を幾つか列挙する．

　第1に，立法権に関しては，国会が立法過程を独占しているわけではない．大統領制とは異なり，日本が採用する議院内閣制では，確かに法律の成立は国会の議決を必要とするものの，国会が審議する法案の多くは，政治家が作成する議員提出法案ではなく，官僚が作成する内閣提出法案である．また，国会が議決する法律にも，その詳細をあえて政令や省令に委ねる委任立法の形式がよく見られる．要するに，国会は立法過程の入り口と出口で，立法機能を他の統治機関と分有しているのだ．むしろ国会には，争点明示機能や監視機能など別の機能を果たすことも期待されている［7章2 (2)］．

　第2に，行政権に関しては，執　政機能を司る内閣を行政機関と一括りにする問題がある．実際のところ，内閣は国会と同様に官僚ではなく政治家の持ち場であり，その役割を行政機関のように，国会による意思決定の忠実な実施として捉えるかぎり，内閣が担っている広大な政治的権限が捉えられない．また，大統領制とは異なり，議院内閣制のもとでは，国会と内閣の関係は隔離的ではなく協働的である．首班指名を通じて議会内の与党と内閣が事実上一体化しており，多くの場合，与党第1党の党首（例えば自民党総裁）が同時に首相を兼任するため，双方の権力は1点に集中する［7章2 (1)］．

　第3に，司法権に関しては，裁判所を権力の1辺と捉えることの是非がある．司法権を支えているのは，憲法を主軸として人の支配を掣肘する法の支

配である．この観点からは，「法律の言葉を発する口にすぎず」，権力主体としては「ある意味では無である」とすら言われる裁判所を（モンテスキュー，1989：302，297），はたして他の統治機関と同一平面上に捉えてよいか，疑問の余地がある．これは，法律や政策の形成を促す司法積極主義の伝統をもつアメリカを念頭に置いているのかもしれないが，日本では，高度な政治判断は裁判所に馴染まないとする統治行為論がしばしば用いられている．

　最後に，三権分立観には，中央地方関係への言及が欠けている．戦後日本では，占領期のアメリカの先導のもと，――いまだ十分とは言えないが――地方自治を重視する政治制度を採用してきた．国，都道府県，市町村はそれぞれ大小の政府機能を有し，各政府内の権力分立は各政府間でさらに折り重なって，権力の暴走を縦と横の双方から抑止することに寄与している．中央政治と地方政治のあいだで同じ政党内の方針に食い違いが生じたり，国と自治体が裁判で争ったりする事態は，統治機構が重層的に抑制と均衡を働かせていることの証左である［12章1（1）］．

　本章で確認してきたように，政治は権力を必要とするが，同時に権力は腐敗をもたらす．権力分立はこうした「万代不易の経験」に対する歯止めとして，多様な知的淵源のなかから発展してきた思想である．権力分立の眼目はアクセルとブレーキを同時に効かせる点にあり，政治が停滞したり，社会が危機に直面したりしたとき，この歯止めはしばしば「決められない政治」の象徴として疎ましがられる．しかしそのように感じる瞬間にこそ，私たちは本章冒頭のアクトンの警句に何度でも立ち返る必要があるだろう．

第6章
議　会
―世論受けするだけが政治家の仕事か―

1.　代議制とは何か

(1)　直接民主主義と間接民主主義

　前章では，政治権力を複数の部門に分割する権力分立思想を紹介した．こうした政治権力のなかでも，いの一番に挙げられる部門が立法権である．立法権とは，社会のルールである法律を制定する権限のことである．もし制定された法律に市民が従わなければ，最終的には逮捕，罰則が待っているだろう．逆に，公職者がたとえ一時の気まぐれで恣意的に権力を行使しようとしても，法律の裏書きがなければ不可能である．法治主義のもとで権力と法律は手を携えており，それゆえ立法権を誰が握るかは，近現代社会において決定的な重要性をもっているのだ．

　日本国憲法で「国会は，……国の唯一の立法機関である」とあるように（41条），近代の民主主義社会において，立法権を委任されているのは議会である．しかし，考えてみれば不思議な話である．私たちは小さい頃から繰り返し，市民こそが主権者であると教わってきたはずだ．そうであるのに，現実に私たちができることは，何年かに1度投票所に行って小さな用紙に個人名や政党名を書き込むことでしかない．なぜ私たちは，主権者であるにもかかわらず，最重要の立法権すら赤の他人に預けてしまっているのだろうか．

　民主主義の歴史をあらためて振り返ってみよう［4章1 (1)］．古代ギリシアの民主政は直接民主主義である．代表的ポリスであるアテナイを例にとる

と，そこでは18歳以上の男子市民が，年に40回程度開催される民会に出席し，外交問題や財政問題など，共同体の個々の意思決定に対して発言し，投票することができた．民会の議題は，あらかじめ評議会が先議したうえで，民会数日前にアゴラ（広場）に掲示される．民会当日，市民はプニュクスの丘に参集し，演壇や会場で互いに意見を交わしたうえで採決を行った．

　市民革命以降の近代政治は間接民主主義を採用する．すなわち，本人である市民が選挙で代理人である政治家を選出し，次に政治家が議会で法律を制定する．フランス革命後に制定された1791年憲法は，人民主権の原理を謳いながらも，直後の条文で次のように規定している——「すべての権力は国民のみに由来するが，国民は代表者を通じてのみそれを行使することができる．／フランス憲法は代表制である」（III編2条，中村，2003：19）．ここで市民の役割は，「誰が決めるか」を決めることであり，個々の意思決定を自分自身で下すことではない．

(2)　代議制と公共の利益

　なぜ市民革命以降，本人である市民は，集合的意思決定をかつてのように自ら担うのではなく，代理人に委ねたのだろうか．第1の理由は，政体規模である．古代ギリシアの政治はポリスを単位としており，各ポリスは1000人から最盛期のアテナイの20万人まで，現在の市町村ほどの規模に留まっていたため，直接政治参加が可能だった．それに対して，近代以降の政治の規模は，革命時のフランスで2500万人，現在の日本で1億2700万人であり，同様の方式は到底実行不可能である．

　第2の理由は，情報費用である．小規模のポリスでは構成員の利害も均質的で，その共同体全体にとって何が公共の利益に適うかは想像しやすい．その一方で，近代のように政体規模が大きくなれば，共同体全体にとって何が公共の利益に適うかを考えることは大きな負担になる．直接政治参加を行っても，市民が一国全体の利益を把握できる保証はない．政治を専門職とする者であれば，特定の立場を超えて鳥瞰的な視点から物事を論じたり，判断を

下したりすることが期待できる．

　第 3 の理由は，取引費用である．近代社会の市民は，年に何度も民会に足を運んで，議論したり議決したりするだけの余裕はない．古代ギリシアでそれが可能だったのは，日々の労働を女性や奴隷に負担させていたからだ．自分の食い扶持は自分で稼ぐことが当然の現在，政治活動に時間と労力を割ける人間は多くない．必然的に，仕事や家庭，趣味などの社会生活に比べて，政治生活の重要度は低下する．要するに，間接民主主義は産業化の進んだ近代社会によく見られる社会内分業の一種なのである．

　フランス革命期の政治家エマニュエル＝ジョゼフ・シィエスは，人民主権を前提とする一方で，間接民主主義を採用する理由を次のように説明する．

　　社会の構成員はあまりに多数に及び，あまりに広大な地域に拡散した状態となったので，共通意思を彼ら自身で容易には行使できなくなる．どうしたらよいか．彼らは，共通意思の中から，公共の必要に配慮し対応するために不可欠の部分を切り離し，国民の意思のこの部分，したがって国民の権力のこの部分については，彼らのうちの誰かにその行使を委ねるのである．（シィエス，2011：102）

(3)　議会の機能

　市民が代表者を通じて政治に参加する間接民主主義の形態は，「代議制（リプレゼンタティヴ）」民主主義と訳されることが通例である．ただしよく考えれば，市民を代表する機能を議会に限定する必然性はない．例えば，無作為抽出法などによってサンプルの代表性が担保された世論調査であれば，母集団である市民を代表していると見なしうる．それではいったい，私たちはなぜ，個々の意思決定に関する自分の意見を，「国民の〇〇％が支持する」といった世論調査に代表させるのではなく，独自の言葉と判断をもった人格である政治家に代表させるのだろうか．

　議会が果たす政治的機能を考えてみよう．その第 1 の機能は民意の表出で

ある．一口に人民主権と言っても，媒介物がなければそれを見ることもそれに触れることもできない．議会は世論調査と同様に，選挙時点の民意の実態や変化を示す舞台である．選挙結果によって，市民が現在の政治に満足しているかそうでないかが議席数に反映される．今日の議会がもつこうした機能は，国内の諸身分の利害を国王に伝達するために召集された中世以来の身分制議会の伝統に遡ることができる．

　第 2 の機能は民意の集約である．無数の市民は無数の意見をもつが，最終的にはそれを単一の集合的意思決定にまとめあげなければならない．諸々の世論調査を見ればすぐわかるように，民意は一様ではなく，例えば賛成 60%，反対 40% というように，ほとんどつねに不均一なまだら模様をしている．議会はこうしたかなりまだらな「民意」なるものを，集合的意思決定として束ねるための濾過装置である．議会は市民を主権者とする民主主義社会のもとで，多様な意見を単一の決定に集約するための場所と機能を提供している．

　民主主義の起源が古代ギリシアにあることを踏まえると，ともすれば，当時の直接民主主義の形態が真の民主主義であり，間接民主主義はせいぜいのところその次善の策にすぎないように見えるかもしれない．しかしながら，近年の政治学では，市民の直接政治参加の広がりも見据えながら，間接民主主義に固有の意義や限界を問いなおそうという機運も高まっている（早川，2014；山崎・山本，2015）．本章では，こうした民主主義論の「代表制論的転回」も視野に収めつつ，私たちが採用する代議制民主主義について検討していきたい．

2. 代議制の仕組み

(1) 抽選と選挙

　代議制民主主義において最初の問題は，代表者の選出方法である．一般的には，市民のなかから候補者が自ら立候補し，他の市民が複数の候補者のなかから適任者を選ぶ．しかし，これが唯一の方法ではない．市民全体のうち，

一定の適格者のなかから無作為に選んでも，代表者を選ぶことはできるはずである．例えば裁判員制度は抽選に基づいているし，自治会や管理組合も抽選を採用するかもしれない．代表性の観点からはむしろ，本人の立候補に依存する点で偏りの生じやすい選挙よりも，抽選の方が一層望ましいようにさえ見える．

　特筆すべきことに，古代ギリシアでは抽選は民主政に相応しく，選挙は寡頭政に相応しい方法だとされていた（アリストテレス，2001：205）．当時は直接民主主義といっても，現実にすべての意思決定に全員が参加したわけではない．民会の議題を先議する評議会は，30歳以上の男子市民から抽選で選出される500人の議員から構成される（任期1年，2度まで）．民衆裁判所は，30歳以上の男子市民から抽選で選出される陪審員によって運営される．とくに専門知識が要求される軍事・財政の高位行政職は，抽選ではなく選挙に基づいて選出された．

　近代市民革命以降，代表者の選出方法として，選挙が一般化していった（バーチ，1972：3章）．ひとつの契機となったのは，政府の正当性の源泉として，個人の同意を重視する社会契約論である［3章2（1）］．1票を投じる選挙が，立法権を担う議会の正当性を認証する機会となったのである．かつて寡頭政に相応しい方法だとされた選挙が，今や民主政の代名詞となった．世界人権宣言も次のように謳っている――「人民の意思が，統治の権力の基礎でなければならない．この意思は，定期に行われる真正な選挙によって表明されなければならない」（21条3項，高木・末延・宮沢，1957：406）．

　こうした経緯から読み取れるように，選挙には，選出する側にとってもされる側にとっても，ある種の選別的要素が残存している．選出する側については，確かに資産や身分，性別による差別は撤廃され，男女普通選挙が普及しているが，依然として年齢による制限は残っている．選出される側については，被選挙権は選挙権よりも厳しい規定を設けていることが多い．例えば日本の場合，衆議院議員，都道府県・市町村議会議員，市町村長は25歳以上，参議院議員，都道府県知事は30歳以上が被選挙権の条件である．選挙とは

一般人のなかから代表者を選別する過程であり，ただの抽出であっては困るわけだ．

　ちなみに，近年の民主主義論では，抽選を活かした制度設計が模索されている．第1に，議会外の実践における抽選の活用については，「市民代表」を形成し，民主的討議を実施するミニパブリックスの構想がある（篠原，2012）．無作為抽出で市民を選出することにより，年齢や学歴，収入といった社会的属性の偏りを均した社会の縮図を作り出すことに主眼が置かれている．そこで得られた成果を代議制とどのように接続するかという論点が残っているものの，地方政治を中心に実験が進められている．

　第2に，議会それ自体における抽選の活用については，抽選により一般人から代表者を選出する抽選制議会も検討されている（レイブルック，2019）．国政か地方政治か，議員の全員か一部かといった具体的制度設計については幅があるものの，代表者の選出方法としての選挙の是非が，古典古代に遡る本質的な問いである以上，そもそもなぜこうした代替構想ではいけないのか，逆に言えば今日の選挙制民主主義にはどのような積極的な意義があるのか，真剣に考察しなおす価値があるだろう．

(2)　一院制と二院制

　さらに，選出された市民の代表者が集まる議会も，一院制か二院制かによって大きく異なっている．加えて二院制の場合，第2院の形態には多様性がある（宮澤，1978：348-349）．日本の場合，第1院と同様に人口規模に配慮した定数のもと市民の直接投票によって代表者を選ぶ参議院型である．それに対して，人口規模にかかわらず各州に同数の議席を割り当て，各州の利害を連邦政府に反映させることを意図するアメリカのような連邦型もある．さらには，必ずしも選挙を行わず，世襲貴族や一代貴族によって構成されるイギリスのような貴族院型もある（表6-1）．

　日本は二院制なのでそれが当然であるかのように映るが，世界の趨勢としては，新興国を中心に一院制を採用する国が多数である．そもそも二院制を

表6-1 第2院の形態

選出基盤 例	連邦型	貴族院型	参議院型
選出基盤	地域代表	身分代表	国民代表
例	アメリカ	イギリス	日本

含めた多院制は，諸身分の利害を国王に伝達する中世の身分制議会の伝統を近代市民革命以降も引き継いでいることに由来する．素朴に考えれば，本人－代理人関係のもとで本人が代理人を2重に選ぶということは，2人の医者や2人の弁護士に同時に頼るようなものだ．両者の意見や方針が食い違ったらどうするのだろうか．はたして今日も二院制を採用し続けることの積極的な理由はあるだろうか．

　二院制の意義としては，第1に民意の表出の機能がある．民意は，地域ごととか世代ごととか性別ごととか，それぞれの切り出し方によって多様な側面を見せる．いざ選挙を行う場合，その一面しか切り出せないため，民意の多様性を十分に捉えることはできない．例えばアメリカのように，国民代表に加えて地域代表に基づく，選出基盤の異なる2つの議院をもつことで，国民としての民意と住民としての民意を同時に把握することができるのだ．ただしこの観点からは，衆議院と参議院を同じ国民代表の観念に位置づける日本の二院制はいささか特異である．

　第2に慎重な決定の機能がある．議会が複数存在することで，裁判の三審制のように，同じ法案に対して別の代理人が繰り返し審議・採決する．人間の営みである以上，政治に関しても誤りは避けられないが，ダブルチェックによりその可能性を減らそうというわけだ．ちなみに，参議院はしばしば「良識の府」とも呼ばれるが，こうした議論はともすれば，身分制を前提とするイギリスで，庶民院を抑制する役割が期待された貴族院を彷彿とさせる．同じ国民代表であるにもかかわらず，参議院が衆議院よりも「良識」に富むと言えるかは定かでない．

　第3に役割分担の機能がある．両院がそれぞれ得意な政策分野をもつことで，より専門的に審議・採決に取り組むことができる．例えばアメリカの上

院は，大統領の外交権に対して条約承認権を有しており，とくに外交分野で強い力を発揮することができるし，イギリスの貴族院は，かつては長らく最高裁判所としての機能も有しており，大法官が貴族院議長を兼任していた．日本の場合，予算の議決や条約の承認，首班指名などで参議院に対する衆議院の優越が認められているが，問題は逆に参議院が衆議院に対してどのような独自の役割を果たしうるかである．

(3)　日本の参議院

　戦後に衆議院とは別に設置された参議院は，一院制を唱えるマッカーサー草案と，戦前の二院制を維持しようとする日本政府のあいだの折衷案として生まれたものである．当初は地方区と全国区を採用して地域代表や職能代表の要素も加味した第2院となることを目指していた．しかし次第に選挙の組織化が進むと，衆議院と類似した政党中心の構成となっていく．それゆえ日本の参議院は，他国の第2院と比べても独自性に乏しく，衆議院の「カーボンコピー」──カーボン紙による複写のことで，略語のCCは電子メールで同一内容を送る意味に使われる──にすぎないとも揶揄されてきた．

　ところが，自民党長期政権が終わった1990年代以降，日本の参議院が構造的に大きな政治的影響力をもつと指摘されるようになった（竹中，2010）．同じ国民代表に基づくものの，実際には選挙制度も異なれば選挙時期も異なるため，参議院が衆議院のカーボンコピーにならないのは当然である．自民党長期政権下では党内調整に委ねられていた両院間のズレは，選挙により与野党が逆転するようになると一気に緊迫する．その時々の民意によって国会内に2重の代理人が併存する結果，衆議院の多数党と参議院の多数党が交差して決定が停滞する，いわゆる「ねじれ国会」の弊害が顕著になってきた．

　こうした問題から，日本の二院制，とくに参議院のあり方については，政治改革の俎上に載せられることも多い．具体的には，選出方法を大きく変更してそれを地域代表の観念に近づけることや，衆議院の優越をさらに強化して政治の停滞を防ぐことなどの改革案が考えられる．いずれにしても，国会

改革は憲法改正を要するためにハードルは高い．既存の制度の再評価を含め，両院間関係，あるいは議会と内閣の関係のなかで二院制の是非を問うことも政治学・憲法学上の重要課題である（大山，2011：4章；加藤，2009：6章）．

3.　代議という仕事

(1)　代議制の賛否

　前節では，近代以降の間接民主主義において中心的に採用されている代議制の仕組みを見てきた．以上の考察から，実は「代議制民主主義」という名称そのものが両義性を孕んでいることがわかる．一方で，代議制の側面に注目すると，代表する者とされる者のあいだの非同一性が浮かび上がる．選挙はただの抽出ではなく選別の過程であり，また代表観に応じて代表者の構成は変わってくる．結果的に，議会を構成する政治家は，世論調査によって明らかになる市民全体の生の縮図とは相当異なったものになるはずである．

　他方で，民主主義の側面に注目すると，代表する者とされる者のあいだの同一性が浮かび上がる．市民と政治家は選挙を通じて結びついている．定期的な選挙が制度的に保障されていることで，市民は政治家の手綱を絶えず締めなおし，自分の手元に手繰り寄せておくことができる．たとえ市民に対して温情的であるとしても，絶対王政のように市民と政治家が決定的に断絶しているのであれば，そこでの両者の関係は，本人－代理人のそれというよりも，被後見人－後見人のそれに近いものになるだろう．

　こうした両側面のどちらをより重視するかは，代議制民主主義の歴史的定着過程のなかでも，しばしば振り子のように大きく揺れ動いた．ジャン＝ジャック・ルソーは，議会主権を確立した名誉革命後のイギリスを槍玉に挙げて，市民が政治家を自分の代理人として立てたところで，主権者として振舞えるのは選挙の瞬間だけで，それが終わればたちまち「ドレイとなり，無に帰してしまう」だけだと言って，代議制を痛烈に批判した（ルソー，1954：133）．にもかかわらず，ルソー流の人民主権論を掲げるフランス革命は，代

表機関にほかならない国民議会を設立するところから始まったのである.

　当時を振り返ってみよう. 革命後の国民議会では, 富裕層を基盤とするフイヤン派が主導権を握り, 立憲君主政を柱とする比較的保守的な新体制を目指した. その結果制定された 1791 年憲法は, 特権身分を否定しながらも, 君主政を維持しつつ, 間接民主主義を徹底した. また, 代表選出に携わる能動的市民 (人口の 17%) あるいは選挙人 (人口の 0.2%) になるためには, 一定の財産資格が課せられた. フランス人権宣言が人間の自由と平等を謳っていたにもかかわらず, 実際には代表する者とされる者のあいだ, さらには代表される者同士のあいだにも一線が引かれていた.

　しかしながら, 国民議会内部の勢力争いとともに, その後代議制民主主義の姿も目まぐるしく変化した. フランス国王が捕らえられて王権が停止すると, 新たに国民公会が設立され, 革命の急進化とともに国王の処刑と共和政の樹立に至った. 国民公会は人権宣言のさらなる徹底化を掲げ, 財産資格を撤廃した男子普通選挙とともに, 直接民主主義の要素を盛り込む 1793 年憲法を制定した. ここには, 法案に対して各自治体の住民が異議申し立てを行う制度も含まれていたのである. この憲法は国民投票を経て成立したが, 国内外の情勢悪化のため施行されずに終わった.

　問題は, このように直接民主主義への傾斜を強めていった場合, 議会以外の場でいかに表出した民意の集約を行えるかである. ルソーの場合, 一般意志を想定することでその問題を解決済みにしている [4 章 2 (1)]. しかしながら, 多数の人口と広大な国土を構えた国家で, 一般意志の実現が可能だろうか. 実際, 代議制批判の文脈でルソーが念頭に置いていたのは, 生まれ故郷のジュネーヴのような都市国家であり, 「都市国家がきわめて小さくないかぎり, 主権者が, その権利の行使を保存することは, われわれの国では今後は不可能である」ともつけ加えている (ルソー, 1954：136).

　一般意志の実現が「今後は不可能である」ならば, 代議制以外の方法で, 数百万, 数千万の民意をひとつに結集することが現実的にありうるのか. 20世紀のドイツでアドルフ・ヒトラーが政治活動を開始した頃, ワイマール共

和国は議会が内閣を信任し，内閣が議会に責任を負う議会政治の推進を目指していた．その後ドイツは，記録的インフレによる国民生活の破綻に見舞われる．ドイツの法学者カール・シュミットは，議会主義それ自体がその歴史的使命を終えたのだと断言し，代わりに独裁的にさえ実現しうる，同質性を基礎とする治者と被治者の同一性を民主主義の根幹に据えた（シュミット，2015）．

　近年では，インターネット等の情報通信技術の普及により，直接民主主義を阻んできた障害が取り除かれている．情報費用に関しては，発信者側も受信者側もほとんど費用を負担することなく情報をやり取りすることができ，取引費用に関しても，端末を操作するだけで，大した時間と労力もなく意見交換から投票，採決まで行うことができる．その結果，サイバー空間という新たな民主主義の実践の場で，個々の意思決定に関して市民の意見を直接反映するような政治がふたたび可能になりつつある．

　しかしながら，集約の方法を練らないまま，あたかもそこに実在するかのように「民意」に訴えるのは，収拾のつかないパンドラの箱を開けるようなものだ．それは結局のところ，大阪都構想をめぐる住民投票やイギリスのEU離脱をめぐる国民投票が世論を二分したように，民意の亀裂を埋めるどころか深める結果になりうる．あるいは，刻々と無数に表出される民意は，民主主義概念それ自体の根本的な見直しを迫っているのかもしれない（東，2015）．以下では，近年の技術革新を踏まえてもなお代議制を採用し続ける理由を探っていきたい．

(2)　審議の場

　第1の意義は，「議　会」（パーラメント）の語源がフランス語の「話す」（パルレ）や「言葉」（パロール）と関係しているように，代表者が1カ所に集まって顔を突き合わせて議論する審議の側面である．代議制の意義は，民意をもち寄るだけではない．もしそれだけだというなら，例えば与党が安定多数を維持している国会では，両院ですべての法案を強行採決して即終了ということにもなりかねない．しかし実

際には，本会議での採決に先立っては，委員会の場で，ときには公聴会も交えながら，繰り返し与野党の審議を経ていくのだ．

　もちろん，議会の実際の審議過程は，各国の政治制度によってそれぞれ異なる（ポルスビー，2015：7節）．アメリカでは，立法機能が重視されており，議員は少人数の委員会を活動拠点として法案を自ら修正したり廃案にしたりする（変換型議会）．イギリスでは，争点明示機能が重視されており，議員は内閣が作成・提出した法案の是非を与野党間の討論を通じて市民に提示する（アリーナ型議会）．日本の国会は，議院内閣制のもとで内閣提出法案が中心となっている点ではイギリスと共通しているが，国会内の委員会を中心に法案の審議が進められる点ではアメリカと共通している．

　日本の立法過程を具体的に見てみよう．多くの法案は内閣が国会に提出することから始まり，委員会による審査・採決，本会議による審議・採決を経て正式な法律となる．国会にはおおむね中央省庁の縦割りに沿った常任委員会が設置されており，国会に提出された法案ははじめに関係委員会に付託され，趣旨説明・質疑・討論のなかで与野党の委員が意見交換を行う．委員会採決後は本会議に上程され，全議員のもとで，法案によってはあらためて質疑・討論を経たうえで採決が行われる．こうした過程を両院で繰り返すことにより，法案はさらなる審議に晒されることになる．

　日本の国会では，内閣提出法案が原案どおり可決される割合が高い．委員会が定例日制をとっており，審議日程の制約があることや，自民党の事前審査制の慣行［7章3（1）］ゆえに国会内での修正が入りづらいことなどがその理由として挙げられる．こうした状況の是非はともあれ，国会が「言論の府」として果たすべき機能は一様ではない．そのうちどの側面を重視するかに応じて，与党が責任政党として政権公約どおりの法案を着実に可決できるなら，国会が機能しているとも言いうるし，逆に，野党が与党に対して抵抗し，法案の廃案や修正を迫ることができるなら，国会が機能しているとも言いうるだろう．

(3)　妥協の場

　第2の意義は，政治に妥協の契機を持ち込むという側面である．妥協とは，諸党派が互いに譲り合って何らかの一致点を見つけることである．妥協は次のような構成要素から成り立っている．すなわち，①2つ以上の党派が，②互いに異なる理想をもち，③すべての党派が譲歩し，④当初の理想とは異なる意見に同意する．諸党派のあいだでそもそも意見が分かれていなければ，妥協は必要ない．諸党派が最終的に単一の意見にまとまらずに分裂したままであれば，やはり妥協は成立しない．それは，「妥　協（コンプロマイズ）」が「互いに約束する」を語源としていることにも表れている（佐野，2018）．

　妥協の政治には固有のプラス面とマイナス面がある．プラス面は，諸党派がともに理想を一部実現できることである．すべての党派にとっては，全面的に敗北するよりも，一部でも意見が通った方がましである．この点で，妥協は理想を実現するための次善の策となる．しかし同時に，マイナス面は，当初の理想の損失を必然的にともなうことである．その結果，妥協は弱腰な姿勢であるとして，とりわけ自陣営内の熱心な支持者から批判を集めやすい．理想を曲げて敵に塩を送るくらいなら，原則に固執して自滅する方がましだとさえ言われるかもしれない．

　シュミットと同時代の法学者ハンス・ケルゼンは次のように言う――「議会制手続というものは，主張と反主張，議論と反論の弁証法的・対論的技術から成り立っており，それによって妥協をもたらすことを目標としている……ここにこそ，現実の民主主義の本来の意義がある」（ケルゼン，2015：77）．多数決型民主主義のもとでは，ある決定はある党派が総取りし，次の決定は別の党派が総取りすることでバランスが保たれうる．しかし，多数決においてつねに負け続ける少数派が生じるならば，コンセンサス型民主主義のように，個々の意思決定のなかでも様々な意見を混合する必要がある［4章2 (2)］．

　大統領型首相と呼ばれ，個人的リーダーシップを国内外に示してきた中曾根康弘のあとを引き継いで首相に就任した竹下登は，一転して政治宥和を優

先するタイプで，ともすれば政治理念の欠如が批判され，「言語明瞭・意味不明瞭」と揶揄されてきた．その一方で，アメリカとの貿易摩擦が激化するなかで貿易自由化交渉を取り仕切り，また中曾根政権も散々難儀した大型間接税（消費税）の導入に踏み切るなど，決して長いとはいえない在任期間中に幾つかの外交・内政成果を残した．個別政策の是非はさておき，竹下にとっては，次の言葉に示されるようなバランス感覚こそが政治手腕の要諦だった．

　　お互いに譲るべきものは譲る．それによって双方の国内から不満や批判
　　が出る．交渉ごとというのは，そこで初めて妥結するものだ．結果につ
　　いては必ず批判を受けることを覚悟しなければならない．（久米，
　　2001：457重引）

　ともすれば代議制民主主義は，民主主義たらんとしてなり損なった，不純な代替物として見られるかもしれない．しかし実際には，民主主義の理想はそれほど単純ではないし，代議制の現実もそれほど単純ではない．「国会の常識は世間の非常識」などとよく言われる．その一方で，情報通信技術の普及により，私たちは現在はるかに手軽に，自分たちの意見を直接表出することができるようになった．しかしそれだけでは，無数に存在する「民意」がひとつの像を描くことにはならない．私たちに「代わって」「議論する」という代議制の本質を念頭に置いて政治家の仕事を見直してみよう．

第7章
執 政 部
─国王の代役を担った政治の幹部職─

1. 執政権とは何か

(1) 執政権の起源

　立法権に続く第2の権力は執　政権（執行権とも呼ばれる）である．「エ<ruby>グゼクティヴ<rt>エグゼクティヴ</rt></ruby>」とは，一般的には企業などの「幹部」や「重役」を指す言葉で，CEO（最高経営責任者）にも含まれている．組織体でよく聞く「執行部」も同じような趣旨だろう．その意味は，現場で活動する第一線の構成員を指揮監督し，組織運営を円滑にするといったところである．本章で議論したいのは，政治権力のなかで執政権が果たしている独自の役割である．いわゆる三権分立観からは抜け落ちているが，実際には立法権と行政権のあいだで両者を繋ぐ不可欠の役割を担っている．

　日本の政治制度において，執政権を担うのは首相を首班とする内閣である．ちなみに<ruby>政　府<rt>ガバメント</rt></ruby>とは，「中央政府」「地方政府」と呼ぶ場合がそうであるように，広義には議会も執政部も行政機関も含む統治機構全般を指す包括的概念である．ただし，報道などで「政府」と呼ぶ場合，狭義の執政部である内閣を指していることも多い──例えば，「政府が国会に法案を提出した」とか，「政府が与党と協議した」とか．そう考えると，私たちが日々の報道で見聞きしている「政府」活動のいかに多くが，実際には執政部によって担われているかが理解できるだろう．

　執政権の原形は，独自の混合政体を確立した古代ローマに見出すことがで

きる［2章1（1）］．第1に，王政的要素を体現する執政官^{コンスル}がいた．通常2人選出され，任期は1年，互いに拒否権をもつことができた．第2に，貴族政的要素を体現する元老院^{セナトゥス}があった．貴族から選ばれ，終身制だった．第3に，民主政的要素を体現する民会^{コミティア}があった．ここでは，公職者の選出や法案の採決などが行われた．このように，一国内に複数の政体要素が併存することが共和政ローマの特徴であり（ポリュビオス，2007：304-316），権力分立を先駆的に唱えたイギリスの思想家ジェームズ・ハリントンにも影響を与えた［5章1（2）］．

　ここで注目したいのは，執政官が王政的要素という，一見すると民主主義とは相容れない要素を体現している点である．歴史を振り返っても，この要素は隠れた棘のように近代市民革命のなかに残存していた．1789年の革命後，君主政を廃して共和政に移行したフランスでは［6章3（1）］，内憂外患に対処するなかで，ナポレオン・ボナパルトが軍事指導者として台頭する．ナポレオンはクーデターで権力を掌握すると，共和政ローマの執政官に倣って自らを「統領^{コンシュラ}」と名乗って独裁色を強め，1804年には皇帝に即位して第一共和政の歩みに10年余りで終止符を打った．

(2)　執政権と公共の利益

　このように，執政権は古典古代に遡る，政治の世界でお馴染みの概念である．それではあらためて，執政権とは何だろうか．今日の政治体制においてそれは，行政機関を指揮監督し，総合調整をはかることである．ここでは執政権と行政権の区別が決定的である．実際，日本国憲法を英文と照らし合わせると，「行政権^{エグゼクティヴ}は，内閣に属する」（65条）一方で，「内閣総理大臣は，……行政各部^{アドミニストレーティヴ}を指揮監督する」（72条）とあり，そこでも執政権と行政権が区別されているように読める（阪本，2011：208-209；佐藤，2011：480-481）．

　とはいえ，実体としての執政部を組織としての内閣と同一視できるかは，一概に言えない面もある．例えば日本では，内閣を構成するのは首相を含む

各大臣であるが，政務三役のうちそこに含まれない副大臣や政務官などは執政部の一員と見なせるだろうか．そこで近年の政治学では，与党幹部や官僚幹部も含め，組織としての内閣を超える幅広い関係や手続きのネットワークを指して，「中核的執政」（執政府中枢）という概念も用いられるようになっている（伊藤，2008）．

　なぜ立法権と行政権のあいだに執政権が必要なのだろうか．その理由は，立法権のみによる政治問題の解決には限界があるからである．一方で，議会は非常設的である．日本の通常国会の会期が 150 日であるように，議会は招集に応じて，定期的に開会・閉会する．閉会中議員は選挙区を中心に政治活動を行っており，立法権を行使するためにつねに国会に待機しているわけではない．他方で，内閣は常設的である．国会の開会中・閉会中を問わず，内閣の定例閣議は原則週 2 回開催され，つねに国政の中心に待機して臨戦態勢を整えているのである．

　市民革命期に社会契約論を唱え，立法権の優越性と執政権の従属性を強調したジョン・ロックは［5 章 3（1）］，その直後に次のようにも言っている．

　　　事実，法が予め備えることがどうしてもできないことは数多くあるのであって，それらは，必然的に執　　行権力を手にする者の思慮に委ねられ，公共の善と利益とが要求するところに従って彼の命令を受けなければならない．（ロック，2010：488）

　ここから，公共の利益のための執政権独自の機能が明らかになる．すなわち，立法権を補完し，場合によってはそれに取って代わるような政治権力を発揮することである．とりわけこの機能は，緊急を要するような危機に対処する場合に大きな意味をもつ．その一方で，「必要は法をもたない」との格言が示すように，ともすればそれは法治主義という近代国家の原則を脅かしうる副作用も秘めた即効薬である．本章では，主に議会との関係から，執政部がどのような政治的役割を担っているかを見ていくことにしよう．

2. 議会と執政部の関係

(1) 一元代表と二元代表

　執政部の具体的な姿について見ていこう．市民および議会と執政部との関係を規定する執政制度は，大別して執政長官の選任のルールおよび解任のルールによって区別される．選任のルールとしては，議会による選任か，それとも市民による選任かという2種類があり，解任のルールとしては，議会による解任が可能か，それとも原則として不可能かという2種類がある．それぞれの種類を交差した計4種類の分類は表7-1のとおりである．

　代表的な分類を見ていこう．第1に議院内閣制がある．内閣は首相（総理大臣）と各大臣によって構成される合議体で，議会が首相を指名し，首相が各大臣を任命する．その特徴は，選出方法が示すように，議会内の与党と執政部が緊密な協働関係を保っていることである．与党第1党の党首と内閣の首相が同一人物だったり，与党議員が大臣を兼任したりすることで，同じ政治家が議会と執政部のどちらにも所属できる．イギリスや日本など，立憲君主政を採用する国に典型的である．議院内閣制のバリエーションとして自律内閣制もあるが，世界的にはあまり例がない．

　第2に大統領制がある．大統領は議会の意向に左右されず，市民からの選挙で選出される．その特徴は，選出方法が示すように，議会と執政部が互いに隔離されており，その結果対立しうることである．議会と大統領は別々の民意を代表しているため，両者の意思が一致しないこともある．議会の多数派政党と大統領の所属政党が一致している場合を統一政府と呼び，一致していない場合を分割政府と呼ぶ．アメリカなど，国王のいない共和政で採用される．また，首相と大統領が併存する，議院内閣制の要素も兼ね備えた執政制度も多く見られる（半大統領制と呼ばれる）．

　これら2つの執政制度は，それぞれ別個の成立背景をもっている．一方で，議院内閣制の起源は，内閣が国王の補佐機関として置かれたことに遡る．

表7-1　執政制度の分類

	議会による解任は可能	議会による解任は原則不可能
議会による選任	議院内閣制	自律内閣制
市民による選任	首相公選制	大統領制

出典：建林・曽我・待鳥，2008：105；待鳥，2015：142．

「陳列棚」^{キャビネット}と象徴的に呼ばれるように，もともと内閣は，国王に任命され，必要に応じて国王の職務を支える側近の集合体だった．具体的には，名誉革命後のイギリスで，国王ジョージ1世の信任を受けたロバート・ウォルポールが政治の実権を握ったことから，国王に代わって執政権を担う内閣の姿が形作られた［5章3 (1)］．今の日本でも，首相は国会の指名に基づいて天皇が任命する（日本国憲法6条）．

　他方で，大統領制の起源は，独立革命を経てイギリスから独立した旧植民地のアメリカである［3章1 (1)］．独立後，本国政府で執政権を形式的・実質的に担っていた国王の役割を担うために，君主政に代わって共和政を採用したアメリカで，国家元首として大統領が置かれることになった．日本で外国要人を招待する際，国王や大統領を国賓とし，皇太子や王族，首相，副大統領などを公賓とする区別も，共和政における大統領の地位を反映している．執政長官が首相か大統領かの違いは，単なる偶然の問題ではなく一国の政体に直結しているのだ．

　本人−代理人関係に照らし合わせると，2つの執政制度の違いが一層明確になる（図7-1）．一方で議院内閣制の場合，本人である市民の代理人である議会が，首班指名を通じてさらなる代理人である首相を選出する．本人の代理人が新たな本人となって別の代理人を選ぶ点で，本人−代理人関係は直列的である（一元代表）．他方で大統領制の場合，本人である市民が議会とは別個に選挙を通じて代理人である大統領を選出する．この選出過程で大統領は，市民と直接に本人−代理人関係を取り結ぶことになる．その結果，代理人としての議会と大統領は，本人に対して並列的に政治責任を負っている（二元代表）．

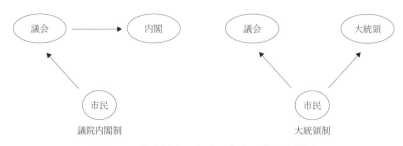

図7‑1　執政制度における本人‑代理人関係

　ちなみに，日本でも地方政治については，大統領制と類似した二元代表の仕組みがとられている．具体的には，都道府県・市町村議会の議員を住民が直接選挙で選出する一方で，都道府県知事や市町村長といった首長も住民が直接選挙で選出する．その結果，地方議会と首長の連携が必ずしもとれない一種の分割政府状態が生じることもある．ただし地方政府では，首長が予算編成権・予算提案権をもち，議会と並んで条例提案権をもち，議会の議決に対して再議権（一種の拒否権）をもち，さらには議会の議決を経ずに専決処分ができるなど，その権限は相対的に強大である（曽我，2019：1章；辻，2019：1章）．

(2)　立法と行政の繋ぎ目

　それでは，執政部は今日の権力分立のもとでどのような役割を担っているのだろうか．その主要な役割は，議会による意思決定を行政機関による実施に落とし込むことである．議会の意思決定は，限られた時間のなかで多くの作業をこなすために，どうしても概括的な判断になりがちである．そうした立法権の隙間を埋めるのが執政権の役割であり，イギリスの評論家ウォルター・バジョットの表現を借りれば，「内閣は，国家の立法部と行政部とを……結合させるハイフンであり，さらに両者を締め合わせるバックルである」（バジョット，2011：17）．

　日本では，法律→政令→省令→通達という一連の法令体系が立法権と行政

権を繋いでいる．議会における立法段階では，運用の詳細がすべて決まって
いるわけではない．実際には，行政機関による実施までに様々な肉付けが必
要になる．具体的には，法律中に「省令で定める」等と書き込んでおくこと
で，その詳細部分を順次実施機関に先送りする．こうして，立法権を有する
国会自ら，法律のなかにあえて隙間を残しておくのである（委任立法と呼ば
れる）．

　立法機能を委任する理由は，社会はつねに多様であり，また変化している
ため，法律の運用は必ずしも地域や時代によって一律ではないからである．
もし法律で細部を決めてしまい，一切の変容を認めないと，地域の差異や時
代の変化に応じて，微修正のために法律を絶えず改正しなおさなければなら
なくなる．そこで立法技術として，法律のなかにあえて隙間を残しておくこ
とで，その可動性を高めているわけである．その結果，例えば政令によって
一時的な品薄物資に対して転売規制をかけたり，省令によって危険ドラッグ
を指定薬物に追加したりすることができる．

　とはいえ，法治主義の原則からすれば，法律の実質的部分を議会から実施
機関に先送りすることには疑問符がつくかもしれない．それゆえ代理人とし
ての執政部は，より多くを委任されるほど，本人である議会あるいは市民に
対してより多くの説明責任を果たす必要がある．逆に議会は，予算審議や同
意人事，国政調査などの機会を通じて，執政部に対する監視機能を強化する
必要がある［1 章 2 (3)］．中世の身分制議会が国王の諮問機関として始まっ
たように，そもそも議会の役割は立法機能に尽きるものではない．

(3)　立法国家と行政国家

　このように，執政部は議会を補い，行政機関に橋渡しする要の位置を占め
ている．すると，執政権を支点として，立法権と行政権のどちらに政治権力
の重心が置かれているかが問題となる．市民革命以降の近代政治は，絶対王
政への対抗から議会が政治権力の中心となる立法国家として始まった．自由
主義思想のもと，国家の機能は最小限であることが良しとされ，その全容も

法律中に明文化することができたため，立法権を握る議会が政治の中心となりえたのである．例えば18世紀のイギリスでは，ウォルポール政権が議会の弾劾を前に倒れたことが，内閣が国王ではなく議会に対して責任を負う責任内閣制の契機となった［5章3(1)］．

　その後，産業革命のもとで，交通・通信の発達により経済活動が広域化する一方で，環境問題や労働問題などの新たな社会・経済問題が噴出し，政府がこれらに対処するための予算や人員も増加していった．こうして，政治権力の重心が立法権から行政権に移行する，いわゆる行政国家化が先進諸国で共通して生じるようになる．その結果，肥大化する行政機関を指揮監督する執政部にも多大な権限が集まるようになった．恐慌や戦争などの非常時には，議会が機動的な立法能力を執政部に付与する委任立法の余地が拡大する．例えば20世紀のアメリカでは，ニューディール政策のように大統領主導によって社会・経済問題の多くが対処された．

　こうした権力の重心の移動の功罪を身をもって示すことになったのが，第一次世界大戦後ドイツに成立したワイマール共和国である．そこでは，議会とは別に，直接選挙で選ばれる大統領が首相の任免を行う半大統領制が導入された．国家的危機に対処するために大統領に付与された緊急措置権（ワイマール憲法48条2項）は，大恐慌以降，議会を差し置いた立法措置として乱発されるようになり，ナチ党による政権獲得の手段となった．最終的にアドルフ・ヒトラーは，首相の権限と大統領の権限を統合する「総統フューラー」に就任し，権力分立を名実ともに葬り去って独裁を完成させたのである．

3.　権力としての執政権

(1)　執政長官の権力

　前節で見てきたように，今日の統治機構では，権力分立のもとで，行政機関を指揮監督する執政部の比重が高まっている．今や，議院内閣制であれ大統領制であれ，日常的に報道され，存在感を発揮する政治家の多くは，議会

ではなく執政部を活動拠点にしている．その結果，市民と政治家のあいだの
関係も，代表する者とされる者という政治的関係から，統治する者とされる
者という統治的関係に移行していると指摘される（ロザンヴァロン，2020）．
本節では，今日の執政部が議会との関係でどのような政治権力を有している
かを見てみたい．

　執政長官の権力に注目すると，議院内閣制の方が強く，大統領制の方が弱
いように見える．なぜなら，議会内の与党に支えられた首相がより一体的に
法案を推進できるのに対して，議会に直接の基盤をもたない大統領は，法案
を推進してもらうのにしばしば難儀するからである．しかしながら，議会と
協働関係にあるか隔離関係にあるかという違いは，権力の強度とは必ずしも
一致しない．見方によっては，協働的であるとは，首相がそれだけ議会の意
向に左右されるということだし，隔離的であるとは，大統領がそれだけ議会
の意向をはねつけることができるということだからである．

　執政長官の権力という観点で見ると，日本の首相とアメリカの大統領には
幾つかの違いがある．第1に，権力の基盤である．日本の場合，首相は国会
の指名に基づくため，その権力基盤を与党の党内世論に置くことになる．首
相は自らの意向で内閣を組織し，各大臣を任免できるが，実際には党首選を
勝利するために党内派閥の協力を必要とし，人事権も派閥の意向に左右され
る．アメリカの場合，大統領は選挙という国民世論の後押しを受けて議会と
は独自の地位を維持できる．重大な犯罪や非行があれば議会が弾劾手続きを
通じて大統領を解任することもできるが，ハードルは高い．

　第2に，権力の所在である．日本の場合，合議制の原則に基づき，内閣は
閣議を中心に意思決定を行い，分担管理の原則に基づき，行政事務は主任の
大臣が分担管理する（内閣法3，6条）．そのため，首相が個人として権力を
行使することには限界がある．加えて，複数政党からなる連立政権であれば，
首相が与党第1党の党首だからといって，議会を意のままにできるわけでも
ない．アメリカの場合，独任制の原則に基づき，大統領は執政権を単独で引
き受け，周囲に多くの補佐官を携えて指導力を発揮しやすい．閣僚が集まる

大統領顧問団はあるが，あくまでも大統領に対して個別に助言を行う諮問機関である．

　戦後日本においては，議院内閣制下で国会と内閣の連携が取りやすい反面，首相の指導力が発揮しにくい状況が続いてきた．権力の基盤面では，内閣支持率は高いにもかかわらず，党内世論の都合で首相が退陣させられたり（海部俊樹内閣），逆に党内世論の調整によって誕生した首相が，発足当初から支持率低迷に悩まされたりした（森喜朗内閣）．権力の所在面では，自民党内の政務調査会および総務会によって担われる事前審査制が形成され，内閣提出法案を可決するためには与党の協力が不可欠だった．こうした戦後自民党政治の特徴を政府・与党二元体制と呼ぶ（飯尾，2007：3章）．

(2)　大統領制化

　ところで，近年多くの先進諸国において，執政制度に変化がないにもかかわらず，その実際の運用が大統領制化しつつあると指摘されている（ポグントケ／ウェブ，2014）．すなわち執政長官が，政党から自立して個人的指導力を発揮する事例が増えているのである．こうした変化を促した原因としては，第1に国内政治よりも国際政治の比重が高まっていること，第2に単純化・象徴化をともなうメディアの役割が拡大していること，第3に階級・民族・宗教といった伝統的な社会的亀裂が衰退したことなどが挙げられる．こうした現象によって，執政制度における権力の基盤や所在に変化が生じている．

　日本の場合，阪神淡路大震災，地下鉄サリン事件といった未曽有の危機を経験したのちの1990年代後半に始まり，2001年に実現した一連の行政改革（橋本行革）が，大統領制化が現出する素地を作ったと言われる（岩崎，2019）．改革の基本方針として，「内閣が，日本国憲法上『国務を総理する』という高度の統治・政治作用……を行うべき地位にあることを重く受け止め，内閣機能の強化を図る必要がある」との認識のもと（行政改革会議最終報告），省庁間の活動を総合調整することに加え，内閣自身が政策立案の主体となっ

て指導力を発揮することが求められるようになった.

　改革の具体的な内容は以下のとおりである. 権限に関連しては，首相が閣議で案件を発議できることが内閣法に明記され，内閣官房の任務に国政に関する基本方針の企画立案も盛り込まれた. 組織に関連しては，首相を主任の大臣とし，総理府・経済企画庁等を統合する内閣府が設置され，首相または内閣官房長官を議長とする，経済財政諮問会議等の重要政策会議が設置された. 職位に関連しては，中央省庁再編にともない削減された大臣ポストの代替として機動的に任命される特命担当大臣が内閣府に設置されたほか，内閣官房副長官補・内閣広報官・内閣情報官が内閣官房に設置され，首相補佐官も増員された.

　こうした改革の成果を継承したのが，2001 年以降の小泉純一郎政権である. 国民世論からの高い支持に後押しされ，「自民党をぶっ壊す」を掛け声に本命の橋本龍太郎を総裁選で破った小泉純一郎は，派閥の推薦にかかわらず独自の判断で党三役や各大臣を任用し，「小泉劇場」と呼ばれるほどにメディア演出も巧みだった（大嶽，2003）. また，権力行使の仕方も独特だった. 所管の総務省に代わって官邸主導で郵政民営化法案を作成し，総務会の全会一致という事前審査の慣行を破って国会に提出する. 法案が参議院で否決されると衆議院を解散して郵政民営化の是非を総選挙で問い，実際に大勝したのである（内山，2007）.

　ちなみに日本でも，執政制度の一種である首相公選制の導入が話題にのぼることがある. これは，選任のルールとしては市民が首相を選任し，解任のルールとしては議会が首相を解任できるという相乗り的な制度であり，議院内閣制の大統領制化を公式的に制度化するような仕組みである. 古くは1960 年代に，のちに大統領型首相と呼ばれる中曾根康弘議員が提唱していた（吉村，1962）. ほかには，トップダウン型の手法や民営化の推進などで中曾根政権としばしば類似点が指摘される小泉政権が，発足後間もなく「首相公選制を考える懇談会」を立ち上げている（大石・久保・佐々木・山口，2002）.

　ただし，他の政治制度に手を付けないまま，選任のルールについて大統領制を模倣することが，執政部に良い結果をもたらすかはわからない．議会の意向にかかわらず，国民世論によって首相が公選されるようになると，議会との連携をどのようにとるのかといった政権担当上の問題がただちに生じるからである．選任のルールと政権担当のルールは互いに連動しており，後者を変更しないまま前者を変更しても，執政部を強化するとは限らず，逆に弱体化させることにもなりうる．首相公選制は一時イスラエルが採用していたが，同国も現在はふたたび議院内閣制に戻っている．

(3)　国家緊急権

　執政部の権力としてより問題含みなのが，昨今の憲法改正論議でも取り上げられるようになった国家緊急権ないし緊急事態条項である．国家緊急権とは，戦争・内乱・大規模災害など，憲法典が前提としている国家の存立それ自体が脅かされている状況で，議会が有している立法権を一時的に執政部に委ねるなど，執政部に権力を集中させることで問題に迅速かつ強力に対処する措置である．類似概念として，英米法で呼ばれるところの「戒厳令」があるが，これは行政権・司法権を一時的に軍部に帰属させる戦時法規である（ダイシー，1983：8章）．

　歴史を紐解けば，国家緊急権の考え方は珍しいものではない．古代ローマでは，混合政体のなかに，戦争や内乱などの緊急事態に対処するため，執政官から1人を選び，政治的権限を集中させる独裁官の制度があった（任期6カ月など短期間のみ）．また，制限権力を重視するロックの社会契約論にも例外がある．執政権は立法権に従属し，その意思を実現する責任を負うにもかかわらず，国王はときに法を無視する大権をもつというのだ――「法の規定によらず，ときにはそれに反してでも，公共の善のために思慮にもとづいて行動するこの権力が大権と呼ばれるものに他ならない」（ロック，2010：489）．

　国家緊急権がとりわけ論争的になるのは，それが私権の制限を含む場合で

ある（橋爪，2014）．例えば，感染症が拡大しているなか，感染者の移動の自由を制限して特定施設に強制隔離するような事態が考えられる．本来であれば個人の権利は何よりも尊重されるべきだが，もし権利の尊重が，権利の尊重それ自体を可能にするところの公共の秩序に対して有害な影響をもたらすならば，それは例外的に制限されうる．たとえ少数の市民から不満が出ても，多数の市民の被害を防ぐことができるなら，私権の制限は〈総和型〉の公共の利益に資するだろう．

　もちろん，それが憲法の基本原則を曲げる例外的な措置である以上，国家緊急権には同時に濫用を防ぐための制約条件が幾重にも設けられるべきである（アッカーマン，2008；イグナティエフ，2011：2章）．第1に，発令期間は厳格に限定されるべきだ．平時と有事を明確に区別し，緊急事態を日常化するような可能性を塞ぐ必要がある．第2に，私権の制限には慎重であるべきだ．それなしには事態を収拾できないことの挙証責任は制限する側にあるし，権利の重大性にも軽重の区別がある．第3に，緊急事態の発令は事後的に検証に服するべきだ．発令内容に関して，一定期間以内に議会の承認を得ることや裁判所の審査を経ることを事前に規定しておくのである．

　ちなみに日本では，戦前の大日本帝国憲法が，天皇大権のなかに，緊急事態条項にあたる条文として，議会を経ずに法律に代わる勅令を発令する緊急勅令（8条），戦時や事変に際して戒厳令を発令する戒厳宣告（14条），戦時や事変に際して臣民の権利義務を停止させる非常大権（31条），議会を経ずに予算措置を講じる緊急財政処分（70条）の規定を盛り込んでいた．翻って戦後は，民主政治の尊重という観点から，緊急事態条項は憲法上に盛り込まれなかった．ただし現行の法律でも，警察法（71条），自衛隊法（78条）などで首相を主体とする緊急事態の規定がある．

　近年では，憲法改正論議に併せて，緊急事態条項の是非があらためて注目を集めている．2011年の東日本大震災時には，住民の避難や残骸の撤去と個人の権利との兼ね合いが問題となり，被災地で地方選挙が延期される事態も生じた．こうした可能性を受けて，自民党が2018年に公表した改憲たた

き台素案では，大規模災害を念頭に置いて，国会議員の任期を延長すること
や内閣が法律に代わる政令を発令することなどの規定を盛り込んだ緊急事態
条項が追加された．ただし，自民党が 2012 年に公表した憲法改正草案に含
まれていた私権の制限規定は削除されている．

　緊急事態条項の必要性については疑問も寄せられている．例えば，たたき
台素案で指摘される国会の会期や議員の任期の問題については，現行の日本
国憲法で，緊急の必要がある場合には内閣が参議院に緊急集会を要請できる
と規定されている（54 条 2 項）．同様に，大規模災害への対処については，
現行の災害対策基本法で，緊急の必要がある場合には内閣が法律に代わる政
令を制定できると規定されている（109 条）．加えて，他国では緊急事態条
項とセットで導入されている裁判所の審査が，統治行為論をとる日本では導
入しづらいことへの懸念も大きい（長谷部・石田，2017：4 章）．

　本章で見てきたように，執政権は政治の現場において，広範な場面で不可
欠の役割を果たしている．またそれは，憲法改正論議など，近年取り沙汰さ
れる政治課題にも直結している．普段私たちは，国会と内閣を股にかける政
治家の姿をそれほど意識せずに眺めているが，両者の関係についても実は制
度的にも歴史的にも多様性がある．「決められる政治」など，勇ましい言葉
がもてはやされることも多いが，執政部がもつ政治的権限の内実や範囲，ま
たその懸念事項についても，十分に認識しておくことが必要である．

第8章
官　僚
─誰に「忖度」するのが行政の役割か─

1.　官僚制とは何か

(1)　官僚という制度

「政治主導」という言葉を聞いたことがあるだろう．といっても，これは前章で見たような，国会や政党との関係で，首相や官邸が主導権を握りつつあるという話とは文脈が異なる．これまでの政治行政改革の中身を見ると，ここで主導権を争っているのは，議会および執政部を担っている政治家と，行政機関を担っている官僚である．すなわち政治主導とは，いわゆる政官関係のもとで，政治家が官僚を効果的にコントロールするということを意味している（新藤，2012）．

ここでは日本の国政における政官関係を考えてみよう．官僚の持ち場は，中央省庁が集積する霞が関に象徴される．かれらは選挙の代わりに，国家試験に合格し，省庁の採用試験を通じて市民の代理人として行政機関の職務に就く．内閣を構成する各大臣を直属の上司としながら，一本道を隔てた国会や首相官邸が位置する永田町の政治家と地理的にも近いところで，行政権を実質的に行使している．国家公務員は約64万人おり，そのうち各省庁の重要ポストを占めているのが政策の企画立案を担う総合職，いわゆるキャリア官僚である．

はじめに語義を明確にしておこう．行政権とは，議会の意思決定を実施する権限のことである．「行　　政」は日本語で「管理」とも訳され，組織

管理を論じるという点で行政学と経営学は実質的にも重なり合うところが多い（サイモン，2009）．組織体では一般的に，規模が大きくなればなるほど，管理業務を担う部門の重要性が増してくる．国の行政機関である中央省庁は，国家という巨大組織の管理業務を司っており，行政機関そのものが巨大組織であるため，省庁内にも，各局と並んで人事・総務・会計といった管理業務を担当する「官房三課」が置かれている．

　行政権の実質的な担い手は，法律を熟知し，利害を調整する専門家集団としての官僚である．こうした職能集団が権力の中枢を支配し，その影響力を高めることは，「官僚支配」を意味する官僚制（ビューロクラシー）と呼ばれる．ちなみに，この呼び名の由来はフランス語の「事務机（ビューロー）」で，もともとは官僚支配を批判する文脈で 18 世紀半ばに誕生したらしい（アルブロウ，1974：1 章）．現在でも，アメリカの FBI（連邦捜査局）や日本の省庁の「局」にあたる訳語など，組織名称として一般的に用いられている．

　官僚制の起源は，市民革命以前の絶対王政期に遡る［3 章 1（1）］．中央集権化を推し進めた国王は，広大な領土を実際に 1 人で統治できるわけではない．その結果，国王の使用人としての官僚機構がヨーロッパで急速に発達する．身分としての官僚の増大を可能にしたのは，貨幣経済の浸透と中央集権化による財政基盤の確立だった．その後，市民革命を経験した西洋諸国では，政治家が自身の支持者に官職を提供する政治任用を通じて，政治主導による政官関係が浸透していった．

(2)　官僚制と公共の利益

　ところで，17-18 世紀にイギリス，アメリカ，フランスで市民革命が生じる一方，隣国ドイツでは市民革命が立ち遅れ，啓蒙専制君主による上からの近代化が進められていた．もともとドイツ地域には，中世以来神聖ローマ帝国が存在し，三十年戦争後のウェストファリア条約（1648 年）以降も形式的に存続していたが，実質的には幾多の領邦国家のもとで，政治的にも宗教的にも分裂していた．人民主権以前に，帝国を束ねるような主権が確立して

いなかったのである．こうした名目的な帝国のまとまりも，フランス革命後に生じたナポレオン戦争のさなか，1806 年に名実ともに消滅する．

　この時期のドイツの政治思想を代表するのが G.W.F. ヘーゲルである．19歳のときにフランス革命の報に触れてこれを歓迎したヘーゲルは，その後革命の行く末を批判的に見るなかで，個人の市民的自由が民族の政治的統一に帰着する独特の弁証法的論理を展開する．ヘーゲルにとっては，市民革命を鼓舞した自由主義思想は，市民社会の特殊利益を解き放ったものの，必ずしも国家全体の普遍的利益の実現には結びつかなかった．そこから，君主権を備え，民族的統一を体現する君主を中心とする国家が，歴史の弁証法的最終段階として登場するのである．

　注目すべきは，ヘーゲルが，君主を頂点とする統治機構の不可欠部分に官僚を位置づけていることである．立法権を担う議会は，市民社会という「欲求の体系」を反映しがちであるために不十分である．そこで，特殊利益と普遍的利益を媒介する存在として，統治権を担う各官庁を構成する官僚の役割が重視される．その想定には国王の使用人という市民革命以前の残滓がなくもないが，一方では知識と経験のゆえに，他方では俸給と義務のゆえに，官僚は特殊利益に振り回されず，国家が体現する真の普遍的利益を担うことができるというのだ．ヘーゲルは次のように言う．

　　普遍的国家利益と法律的なことがらを，これらの特殊的諸権利のなかでしっかりと維持し，後者を前者に連れもどすためには，統治権の代理者による配慮と管理が必要である．この代理者とは執行する官吏と，その上にあって審議する……上級諸官庁であって，この諸官庁は君主に接触する最高首脳たちのところで合流する．（ヘーゲル，2001：337）

　ドイツが第二帝国としてふたたび統一されるのは，普仏戦争でナポレオン3 世に勝利を収めた 1871 年のことである．統一後 20 年近く帝国宰相を務めたオットー・フォン・ビスマルクは，皇帝の後ろ盾を得ながら，議会の影響

力を押さえつつ，強国化を目指して辣腕を振るった．こうした集権的政権を支えていたのが，シュタイン＝ハルデンベルク改革以降，近代化が進められたプロイセンの官僚機構である．ちなみに，当時のドイツ帝国を模範として憲法制定を進めた明治政府は，同時期に帝国大学の設立，文官試験の導入を通じて官僚養成の制度化に着手している（清水，2013：4章）．

　ドイツの社会学者マックス・ヴェーバーは，官僚制の発達を近代化にともなう不可避的な趨勢と見なした．政府組織のみならず，会社，軍隊，学校，病院など，大規模組織を束ねるための制度原理として，官僚制がその範型となったのである．しかしながら，官僚制的に管理される社会にはメリットもあればデメリットもある．一方でそれは，生活の合理化や身分の平準化といったかたちで私たちの日常に浸透し，それを便利にしているのかもしれない．しかし他方でそれは，そのなかに安住することで自己主張や創造力を減退させる「隷従の檻」として作用しているのかもしれない（ヴェーバー，1982：363）．

　本章では，行政権の実質を担う官僚に焦点を当てる．市民の代理人であるにもかかわらず，官僚がどのような人となりで，どのような仕事をしているかは，一般人にとってはよくわからない．報道にもほとんど映らないし，選挙で選ばれるわけでもないからである．しかし，戦後日本の政治構造が「官僚内閣制」と呼ばれてきたように（飯尾，2007：1章；松下，2009：8章），官僚は行政機関内のみならず議会や執政部との関係でも大きな存在感を放ってきた．そしてそれは，とりわけここ十数年の政治行政改革のなかで大きな転換を遂げつつある．

2.　政治家と官僚の関係

(1)　官僚制の特徴

　官僚制はしばしば批判の言葉として用いられる．「官僚的」とか「お役所仕事」とかといった言葉が示すように，形式主義で融通が利かない，事なか

れ主義で業務的といったイメージとともに語られる．その一方で，その実像
が見えないことの裏返しとして，権限を駆使して民間に貸しを作り，天下り
や渡りを繰り返して高額報酬を得ている，縦割りに基づく縄張り争いによっ
て組織の肥大化をはかり，国民の税金を浪費している，といったバッシング
の対象にもなりやすい．ともすれば，政治家もまた，こうした市民感情に便
乗して官僚批判を行政改革の掛け声にする．

　にもかかわらず，近代国家は例外なく官僚制を採用してきた．なぜだろう
か．官僚制論を体系化したヴェーバーは，それを合法的支配の典型例として，
没主観性や非人格性という観点から示した．彼は古代ローマの歴史家タキト
ゥスの言葉を引きながら，「憤りも偏見もなく」職務を遂行することが，良
くも悪くも官僚の典型的な姿であるとする（ヴェーバー，1980：41；ウェー
バー，2012：49）．法治主義を原則とする近代国家では，統治の広域化・規
則化・画一化とともに，それに見合った管理形態としての官僚制が必要不可
欠となったのだ．

　ヴェーバーは近代官僚制の特徴を以下の6点に要約している（ウェーバー，
2012：2部1節）．

　①規則によって一般的に系統づけられた明確な権限の原則が存在する．
　②官庁相互の関係を明確に系統づける上下関係の体系がある．
　③職務執行が書類（文書）に基づき，私有財産と業務財産が切り離される．
　④職務活動が専門的訓練に基づいている．
　⑤職務活動が官僚の全労働力を要求し，俸給が保証される．
　⑥職務執行が規則に関する技術的知識に基づいている．

　近代の合理性を体現する官僚制は，狭義の政治領域から社会一般に浸透を
始める．こうして社会全体が合理化されていくことを，ヴェーバーは官僚制
化と呼んだ．何やら大ごとが進行しているように響くが，上記の近代官僚制
の特徴はすでに私たちの身近にある．例えば，その文書主義を象徴する，組

織の下部から上部へと順次文書を決裁し，その都度印鑑が増えていく稟議の方式は民間にも見られるし，官房三課や部・課・室・係の位階系統など，官僚組織の名称は民間にも見られる．その意味で，多くの民間組織も実際には本家本元に負けず劣らず「官僚制的」であるといえる．

（2） 代理人としての官僚

　本人‐代理人関係に照らし合わせてみよう．一方で議会の民主的正統性は，定期的な選挙を通じて確保される．他方で行政機関の民主的正統性は，執政制度に応じて，首班指名あるいは大統領選挙などを通じて間接的に確保される．このように，本人‐代理人関係は権力分立に沿って連鎖状に続いており，最終的には行政機関内部の位階制を通じて第一線の公務員に至る．官僚は市民の代理人である政治家のさらなる代理人として，本人‐代理人関係のなかに位置しているのだ［1章2（1）］．

　しかし同時に，官僚は公共サービスの担い手として，市民のために勤務する義務も負っている．民主主義社会における代理人である以上，究極の本人である市民とまったく無関係であるというわけにはいかない．すると，官僚は政治家に対してと同時に，市民に対してどのような責任を負っているのかという複数本人問題が生じる（図8‐1）．政治家の指示にただ従順に従っていれば，市民に対する責任も果たしたことになるのか．あるいは，全体の奉仕者として公共の利益のために勤務するという立場から，政治家から自立して主体的に意思決定を行うこともありうるのか．

　官僚支配のメリットとデメリットを見据えるヴェーバーは，政治家と官僚の職業倫理に明確な一線を引く．一方で，「党派性，闘争，激情──つまり憤りと偏見──は政治家の，そしてとりわけ政治指導者の本領」である（ヴェーバー，1980：41）．すなわち政治家は，自分自身で決断を下し，その結果に対して責任を負わなければならない．ちなみにヴェーバーは，第一次世界大戦前のドイツで議会や政党に対して影響力を行使する官僚支配がはびこっていたと批判し，自らも構想に参加した戦後ワイマール共和国の政治体制

として，官僚支配と理念なき職業政治家
に代わる，人民投票によって選出される
強力な大統領制を志向していた．

　他方で，「生粋の官吏は……その本来
の職分からいって政治をなすべきではな
く，『行政』を──しかも何よりも非党
派的に──なすべきである」(ヴェーバー，
1980：40-41)．すなわち官僚の職業倫理

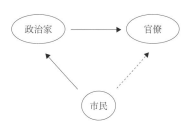

**図8-1　政官関係における本人-代
理人関係**

は，あたかも精密機械のように，自己を否定し規則に従って職務を遂行する
ことである．その意味で，官僚に求められる資質は政治家のそれとは真逆で
あり，「官吏として倫理的にきわめて優れた人間は，政治家に向かない人間，
とくに政治的な意味で無責任な人間」だとさえ言える（ヴェーバー，1980：
41)．こうしてヴェーバーは，一方で政治家に対しては強力な指導力を求め，
他方で官僚に対しては政治家への厳格な服従を求めている．

(3)　政治行政関係

　行政学ではこの問題をどう考えてきたのだろうか．現代に連なる行政学の
端緒となったのは19世紀末のアメリカである．アンドリュー・ジャクソン
政権期の1830年代，行政機関の民主化を建前として，選挙支持者に官職を
提供する猟官制が大々的に導入された．その後，産業革命が進展するにつれ
て，社会・経済活動が複雑化すると，行政活動においても高度な専門性が要
求されるようになる．のちに大統領となるウッドロー・ウィルソンやフラン
ク・グッドナウなど，最初期の行政学者は，政治任用の行きすぎが行政活動
の専門性を脅かしているとして，政治と行政の機能分割を重視した（政治行
政分断論)．

　意思決定の良し悪しはさておき，行政活動の中心は，あくまでもそれをい
かに能率的に推し進められるかである．こうして，初期の行政学は能率性の
観点から経営学や組織論と共同歩調をとることになった．ウィルソンは言う

――「行政の領域はビジネスの領域である．それは政治の喧噪とは関係がない．……行政の問題は政治の問題ではない．政治は行政に任務を課するが，政治が公職を操縦することは許さるべきではない」（ウィルソン，1996：62-63）．彼は，行政活動を能率化するための学術的知見を，当時のドイツ帝国から学ぶことができるとさえ考えている．

20世紀に入り，行政国家化が進むと，行政機関が議会を凌駕するようになる．例えば，第一次世界大戦前後には FRB（連邦準備制度理事会），FTC（連邦取引委員会），CPI（広報委員会）など，さらに大恐慌後には SEC（証券取引委員会），NLRB（全国労働関係委員会）などの独立機関が相次いで設置され，第二次世界大戦直前には執政権を統合する大統領行政府が設置された．こうした背景のもと，ポール・アップルビーらのより若い行政学者によって，前世代の行政学者による二分法的理解の非現実性が批判され，むしろ政治と行政の不可分性を強調する議論が優勢になる（政治行政融合論）．

政治と行政の不可分性を前提として，政策学という新たな学問分野も生まれた．1939年に第二次世界大戦が勃発すると，総力戦として，様々な分野の科学者が戦争の勝利のために動員され，生産計画，作戦研究，兵器開発などに携わった．戦後もこうした蓄積を活かして，科学的知識を公共政策の現場に活用・還元することへの期待が高まっていく．こうして，政策決定→政策実施→政策評価からなる公共政策のライフサイクルを，政治学と行政学の垣根を越えて系統的に体系化することが，戦後に発展した政策学の基本枠組みとなった．

戦後のアメリカでは，米ソ冷戦が本格化するなか，政治権力が社会の様々な領域に分散されているという多元主義が肯定的に評価された．政治の現場は，社会を部分的に構成する諸団体が陳情や圧力を繰り広げる競技場（アリーナ）と見なされたのである［11章2（2）］．ここで政府は，政治的影響力の主体というよりは客体として，様々な特殊利益の只中に投げ込まれ，それを反映するひとつの舞台となる．行政機関は，議会と機能的に連動しながら，団体の特殊利益が競争を経て均衡に至るまでの調整的役割を果たすと見なされるように

なった（Truman, 1971: ch. 14）.

(4)　シューバートの公共の利益論

　このように，アメリカ行政学は，政治学を母体としつつ，その研究動向の影響も受けながら発展してきた．とくに本書の視点から注目したい点は，全体の奉仕者として公共の利益のために勤務するという官僚の職業倫理を，行政学がどのように描いてきたかということである．政治学者のグレンドン・シューバートは，政治行政関係に関する行政学説の時系列的展開を下敷きにしながら，それぞれ想定される公共の利益のイメージを合理主義・理想主義・現実主義の３つに区別した（Schubert, 1960: 26-27）.

　第１の合理主義は，公共の利益を政治過程のなかで手続き的に示される民意にあると考える．それゆえ，民意を忠実に実施に移すことで公共の利益が実現される．こうした観点をとる官僚は，自らを政治的統制下に置きつつ，能率性を自分のモットーとする．行政裁量の余地を最小化し，自分の役割は与えられた政治目的の能率的な実施にあると考える．本書の区別でいえば〈総和説〉に近い．これは，20世紀初頭の行政学者が唱えていた政治行政分断論に典型的である（Schubert, 1960: 64-74）.

　第２の理想主義は，公共の利益を知識と能力を活かして発見するものだと考える．民意は必ずしも明確ではなく，またそれが公共の利益を捉えている保証はない．そこで官僚が，曖昧な政治目的を明確化し，社会・経済問題の解決に主体的に取り組むことで公共の利益を自ら実現する．その結果，行政裁量の余地は最大化される．本書の区別でいえば〈独立説〉に近い．これは，戦間・戦後期における行政学者が唱えていた政治行政融合論と親和的である（Schubert, 1960: 106-123）.

　第３の現実主義は，公共の利益を実体的に捉えることについては否定的である．実体として存在するのはつねに特殊利益であり，公共の利益はせいぜいのところ，それらが競争的に均衡する結果の別名にすぎない．ここでの官僚の役割は，様々な団体活動を調整しつつ，その圧力を政治に伝達すること

表8-1　シューバートの分類

	合理主義	理想主義	現実主義
政治との関係	政治優位	行政優位	
社会との関係	超越的		協調的
学説	政治行政分断論	政治行政融合論	多元主義
官僚の類型	吏員型	国士型	調整型

出典：真渕，1987：15-20；1995：28-30；2004：22-25 をもとに作成．

である．本書の区別でいえば公共の利益の懐疑論に近い．こうしたイメージ
は，戦後アメリカ政治学で多元主義が次第に優勢になるなかで普及していっ
た（Schubert, 1960: 173-186）．

　以上の特徴をまとめると，表8-1のようになる．政治との関係でいえば，
主導権を政治家に委ねるか，あるいは官僚が実質的に引き受けるかによって，
合理主義と理想主義および現実主義が区別される．社会との関係でいえば，
団体政治のような社会からの要求から独立して職務に当たるか，それとも積
極的に受容して職務に当たるかによって，合理主義および理想主義と現実主
義が区別される．次節で見るように，シューバートの分類は，その後の日本
の行政学説のなかでそれぞれ吏員型・国士型・調整型と名づけられているの
で，併せてその点も記しておこう．

3.　戦後日本の官僚

(1)　日本官僚の3類型

　以上見てきたように，アメリカ行政学では，時代の変遷や学説の展開に応
じた複数の公共の利益論が展開されてきた．「公共の利益のために勤務する」
と一口に言っても，いかに複数の，ときに対立する役割が官僚に対して期待
され，また官僚自身によって自覚されてきたかがわかるだろう．ところで，
日本の行政学説においても，同様に複数の，ときに対立する官僚の姿が描か
れてきた．本節では，前述のシューバートの分類に照らしながら，戦後日本

の行政学の展開のなかでどのような官僚像が示されてきたかを概観してみよ
う.

　日本の近代官僚制は，明治維新下の新政府樹立のなかで，諸藩の家臣だっ
た有能な人材が新政府に出仕したことに始まる（清水，2013：1 章）．かれ
らはその身分制的使命感から，当時の官吏服務規律が「凡ソ官吏ハ天皇陛下
及天皇陛下ノ政府ニ対シ忠順勤勉ヲ主トシ法律命令ニ従ヒ各其職務ヲ尽スヘ
シ」と規定するように（1 条），天皇の代理人という意識のもとで立身出世
を重ね，国政を担う政治家を目指していった．同規律は戦後に「国民全体ノ
奉仕者トシテ」と改定されるが，その結果日本の官僚制はどのように変わっ
ただろうか.

　第 1 段階として，戦後から 1960 年代までは国士型官僚が多かったと言わ
れる（辻，1969）．占領期，GHQ（連合国最高司令官総司令部）が間接統治
のために行政機関を解体せず温存したことで，戦前と同様に政治からも社会
からも超然とした官僚像が形作られた．また，短期間の戦後復興から高度経
済成長に至る時代が，官僚の手腕によるものだったとも指摘される．例えば，
外貨割当権限を切り札に，繊維産業や自動車産業など特定産業の育成をはか
った旧通産省の政策は「日本の奇蹟」とも評された（ジョンソン，2018）.

　シューバートの分類に照らせば，これは理想主義にあたる．官僚が国家を
背負っているという強烈な自負心から，ともすれば市民の代理人である政治
家を差し置いた独善的な意思決定に陥りがちになる．重要なことは，戦後の
行政学において，こうした官僚支配が批判・克服されるべき存在と見なされ
たことである．すなわち，民主主義社会に相応しい政治主導の歴史を経ない
まま，実質的な官僚主導の段階に入っているため，これが戦後日本の真の近
代化を阻害する桎梏になっているわけである.

　第 2 段階として，1970-80 年代には調整型官僚が増加してきたと指摘され
る（村松，1981）．自民党政権の長期化にともない，特定の政策分野に関し
て官僚に匹敵する知識や経験を蓄積した族議員が登場するようになった．族
議員は自民党の政務調査会や国会の常任委員会などに大きな影響力をもつた

め，官僚が法案を通すためには族議員への根回しが不可欠になり，その傾向は石油危機による経済低迷以降に一層強まった．官僚の活動量は飛躍的に増大するが，逆に自立的に意思決定する余地は狭まっていく．

シューバートの分類に照らせば，これは現実主義にあたる．官僚は政治と社会を繋ぐインターフェースの役割を担うようになったのである．多元主義的政治観に基づき，政治を特殊利益の利害調整の場と捉えたうえで，その調整機能を官僚が担っていると位置づけられる．確かに，日本の議院内閣制は官僚が作成する内閣提出法案を主体とする．しかし同時に，官僚は政治家の意向を念頭に置きながら法案を作成するため（予測的対応と呼ばれる），政治の主導権を官僚が握っていると一概に言えるわけではない．

第3段階として，1980年代に始まり，1990年代には吏員型官僚の増加が目立つようになった（真渕，1987；1995；2004）．政治や社会との接点が増加した結果，金銭授受など官僚の不祥事が多発したことが背景にある．とりわけ，竹下登政権の破綻の原因になったリクルート事件（1988年）では，政治家とともに官僚も便益を受けていたことが判明し，批判を集めた．自民党長期政権が終わり，政権交代の可能性が高まると，官僚は自ら政治からも社会からも距離を置く姿勢に変化したのである．

シューバートの分類に照らせば，これは合理主義にあたる．自民党長期政権下とは異なり，選挙ごとに自分の上司が入れ替わる可能性を踏まえれば，特定の政党や政権に関与しすぎることは，官僚にとっても職業生命を危うくする．むしろ，どのような政治家がどのような政策を打ち出そうとも，それをその時々の民意が反映された奉仕の対象であると考え，粛々と実施することが望ましい．公共の利益はあくまでも市民と政治家が打ち出すものであり，官僚が解釈すべきものではない．

以上の日本の行政学説の推移を総合すると，官僚が奉仕すべき公共の利益の理解は理想主義（国土型）→現実主義（調整型）→合理主義（吏員型）に変化したと言える．興味深いことに，こうした推移の順番は，アメリカ行政学の発展段階（合理主義→理想主義→現実主義）とズレが生じている．アメ

リカでは最初に現れた，政治的中立性や能率性への固執を特徴とする吏員型
官僚像が，日本では他の官僚像を経由してようやく最後に現れている（もち
ろんこれは，どちらが相対的に優れているとか劣っているとかといった価値
判断をともなうものではない）．

(2)　政治主導の現在

　吏員型官僚の増加を裏づけるかのように，1990 年代以降も，政治主導を
掛け声にした行政改革が持続的に進められた．前章で紹介した橋本行革はそ
の一例である［7 章 3 (2)］．内閣府の設置や内閣官房の強化，中央省庁再編
により，執政部に対する行政機関の地位は相対的に変化し，とりわけ経済財
政諮問会議の設置により，財務省（旧大蔵省）の予算編成への影響力は低下
した．同様の改革は，今世紀に入ってからも矢継ぎ早に実施されている．こ
こでは最近の例として，民主党政権時と自民党政権復帰以降の取り組みを見
ておこう．

　2009 年に始まる民主党政権では，政権公約の第 1 原則で「官僚丸投げの
政治から政権政党が責任を持つ政治家主導の政治へ」が掲げられた．具体的
には，事務次官会議の廃止，国家戦略室の設置，行政刷新会議による事業仕
分けの実施など，ともすれば敵対的ともとれるほどの改革に着手した．しか
しその結果，政官関係の意思疎通に支障が生じるようになったとも言われる．
永田町と霞が関が隣接しているように，政治家と官僚は本来協働関係を保つ
べきであるが，「脱官僚」の果てにその代替案として何があるかは必ずしも
明らかではなかった（野口，2018：2 章）．

　東日本大震災という未曾有の経験を経たのち，「決められる政治」を掲げ
て 2012 年末に自民党が政権に復帰した．安倍晋三政権は内閣官房に内閣人
事局を設置し，ここで各省庁の幹部職員（600 名規模）の適格性の審査や候
補者名簿の作成が一元的に行われている．従来，権力分立の観点から政治家
が官僚人事に口を挟むことは慎まれてきた．しかしこうした改革のなかで，
現在の官僚はその人事権についても，政治家に命運を握られた状態にある．

国有地売却問題や学部新設認可問題などにおいて，官僚の「忖度」が取り沙汰されるようになったのも記憶に新しい（新藤，2019：3章）．

　従来の政官関係論は，本人としての政治家と代理人としての官僚のあいだに生じうるエージェンシー問題に焦点を当ててきた．その限りでは，官僚が政治家の意向を粛々と実施する吏員型官僚像がひとつの答えになるかもしれない．しかし，官僚にとっての真の複数本人問題は，本人としての市民と代理人としての政治家のあいだにエージェンシー問題が生じている場合である．かつての国士型官僚像を体現する通産官僚を描いた小説『官僚たちの夏』では，主人公の次のような台詞が出てくる――「おれたちは，国家に雇われている．大臣に雇われているわけじゃないんだ」（城山，2002：8）．もし今日の官僚を小説化したら，登場人物はどのような思いを口にするだろうか．

　近現代社会において，一般人にはない知識と能力を備えた専門家集団としての官僚の役割は，政治権力を預ける市民にとって非常に大きい．本来の政官関係論は，こうした人材を民主主義の枠組みのなかでいかに使いこなすかという点にあるはずだ．遡れば，政治家も官僚もともに究極の本人である市民の代理人であり，民主主義の理念に照らし合わせれば，どちらが主導権を握るのがよいかを一概に断定できるわけではない．「全体の奉仕者」が具体的にどのような官僚像を意味しているか，今一度考えなおしてみよう．

第9章
選　挙
―1人1票で民意をどこまで測れるか―

1.　選挙とは何か

(1)　民主主義と選挙

　選挙とは，本人である市民が代理人である政治家を選出することである．実際，私たちの政治行動のなかで一番わかりやすいのが，選挙時に投票所に行くことである．もちろん，人によっては陳情活動や街頭デモなどに参加することもあるが，主権者である市民の多くにとって，選挙は自分が政治の究極の本人であることを自覚できる数少ない機会である．今の日本では，衆議院・参議院の国政選挙のほか，都道府県および市町村・特別区それぞれの首長選挙・議会選挙と，全部で6種類の選挙機会が定期的に訪れる．

　ところが不思議なことに，この肝心要の選挙権すら，市民革命以降も多くの市民が保持していなかったのである．例えば，議会政治の母国であるイギリスでも，土地所有や不動産所有などの財産資格による厳しい制限が課せられ，選挙権を付与されたのは地主貴族階級など，全人口の数％にすぎなかった．名誉革命を経て，君主主権から議会主権に移行したのちも，そこで政治の実権を握る代表する者とされる者は，両者とも市民全体の代表者とは言えなかったのである．

　ところで，18世紀後半より，イギリスを筆頭に，西洋諸国は産業革命期を迎えるようになる．海外植民地から原材料が安価・安定的に供給されるようになり，同時に海外植民地が最終製品を販売する市場となったことから，

工業化が急速に進み，それとともに社会構造が変化していった．農業経済に依存する地主貴族階級の影響力が後退する一方で，資本家階級や労働者階級の存在感が上昇する．こうした背景のもと，19世紀以降のイギリスでは選挙権の拡大が求められるようになった．

(2)　選挙と公共の利益

選挙権の拡大を思想的に後押ししたのが，18世紀後半にジェレミー・ベンサムが唱えた功利主義である．ベンサムとその周辺は，「最大多数の最大幸福」を合言葉に，様々な急進的改革を提案していった．同時にそれは，地主貴族階級・資本家階級・労働者階級の3者を巻き込んだ階級対立のなかで，個々の特殊利益を超越する〈総和型〉の公共の利益の視座を提供する［2章2 (3)］．こうして功利主義は，一方で産業革命によってますます複雑化する社会と，他方で選挙権の拡大によって同時にますます複雑化する政治のなかで，政治思想としての影響力を増していったのである．

ベンサムの周辺で，早くから選挙制度改革を熱心に唱えていたのは，ジョン・スチュアート・ミルの父親ジェームズ・ミルである（ここでは便宜的に，それぞれ子ミル，父ミルと呼んでおく）．その背景には，名誉革命による議会主権の確立後も，肝心の選挙権はごく少数の地主貴族階級に限定されていた状況がある．父ミルは，こうした状況が政治に対していかなる悪影響をもたらすかを考え，産業革命の進展と制限選挙が併存する過渡期に『政府論』（1820年）を公刊してその弊害を次のように指摘した．

> 少数の人びとが代表者を選択する権限をもつならば，彼らは自分たち少数者の利益を追求してくれるような代表者を選び，できうるならば，自余の者を彼らの意志のままに動く卑屈で無力な奴隷と化してしまうであろう．／これらの場合にはいずれにおいても代議制の長所がすべて失われてしまうことは明白で争う余地がない．（ミル，1983：155）

　功利主義者にとって，公共の利益は私的利益を総計した最大の利益として
理解される．ところで，少数の市民しか政治に参加しないのであれば，少数
の市民の利益のみ反映され，多数の市民の利益が無視されるのも当然である．
資本家階級が自由貿易を求めるなかで，地主貴族階級の権益を保護するため
に穀物の輸入を規制する穀物法（1815 年）が制定されたのは，まさにこう
した代議制の歪みの産物だった．こうした事態に対して，最大多数の最大幸
福を実現するための最短の方策は，最大多数の市民の利益が政治に反映され
るような政治制度をとること，すなわち選挙権を拡大することである．

　実際のところ，父ミル自身が支持する選挙権の範囲は，年齢・身分・性別
のどの側面についても制限された，当時としてもそれほど急進的な内容では
なかった．ともあれ重要なことは，もし選挙権を制限するならば，その合理
性の挙証責任は，制限を否定する側ではなく肯定する側に帰せられるという
ことだ．父ミルの意見に呼応して，ベンサムは男子普通選挙権を擁護するよ
うになったし，子ミルは女性参政権を主張して国政選挙に出馬する初期フェ
ミニストとなった．

　その後イギリスでは，数度にわたり選挙権が拡大された．1832 年選挙法
改正で資本家階級に選挙権が付与されると，議会内で自由貿易を掲げるマン
チェスター学派が台頭し，1846 年に穀物法が廃止された．1867 年選挙法改
正で都市労働者階級に選挙権が付与されると，一部の議員で労働組合との連
携を強めていた自由党政権下で，1870 年に初等教育法，1871 年に労働組合
法が制定された．選挙権拡大のたびにより多くの市民の利益が政治に反映さ
れるようになり，最大多数の最大幸福に近づいていったことがわかるだろう．

　万人に開かれた選挙が民意を汲みとり，公共の利益を実現するための最善
の機会になるという見立ては原則的に正しい．とはいえ，市民の投じる 1 票
が議席に形を変え，その議席が政策に形を変えるあり様はそれほど単純では
ない．代理人である政治家が本人である市民の意見をどのように汲みとるか
は，選挙の制度や過程によっても大きく異なりうる．こうした観点から，本
章では選挙制度の特徴や選挙公約の意義について確認していきたい（なお本

章では，選挙時の側面を捉えて，本人である市民を有権者と呼ぶ）．

2. 1票の測られ方

(1) 多数代表と比例代表

　投票と選挙は似て非なるものである．例えば人気投票は得票数に応じて1位から順番にランキングを作るだけだが，そこから代表を選出するとなると幾つもの追加的な前提が必要になる．1票の重みは一律で良いのか．得票数の多寡が唯一の選出基準で良いのか．上位何名が選出されるのか．選出されなかった候補者への1票はただ無視するのか，等々．このように，有権者の投票をどのように集計し，議席へとどのように変換するかは，採用される選挙制度によって大きく変わってくる．

　代表観から見ると，選挙制度は多数代表制と比例代表制に分かれる．第1に多数代表制とは，多数決を通じて政治代表を選出する仕組みである．逆に言えば，多数から漏れた少数の有権者の1票は切り捨てられる．1選挙区につき1議席を割り当てる小選挙区制であれば，選挙を通じて選挙区内の無数の民意は最終的に1人の候補者にまで切り詰められる．議会の機能が民意の表出と民意の集約であるとすれば［6章1（3）］，多数代表制は民意の集約に適した選挙制度である．

　多数代表制のメリットは，第1党が単独過半数を作りやすいことである．議院内閣制であれば執政部の選出も含めて，議会の意思決定はその多くが多数決ルールに則っている．第1党が単独過半数の議席を得ていれば，意思決定が統一的に進められるため，政治運営の安定が得られやすい．多数決による効率的な政治運営を重視する多数決型民主主義に相応しい選挙制度である．ただしこのメリットの裏面には，議席に反映されない死票が多くなるというデメリットもある．

　第2に比例代表制とは，比例配分によって政治代表を選出する仕組みである．比例代表は全国統一であったりブロックに分割されたりするが，いずれ

も複数の定数が割り当てられ，議席は得票数に比例して各政党に配分される．
多数代表制の場合，多数派が投じる 1 票は過大に反映され，少数派が投じる
1 票は過少にしか反映されないが，比例代表制の場合，両者が投じる 1 票は
それぞれの規模に応じて議席数に反映されるだろう．これは，民意の表出に
適した選挙制度である．

　比例代表制のメリットは，死票が少ないことである．有権者の意見がある
程度正確に議会内に反映されるため，大政党が単独過半数の議席を得るより
も，小政党が議席を分け合って複数併存する結果になりやすい．そこで，執
政部の選出も含めた議会の意思決定に向けては政党間協力が不可欠となる．
国内の様々な意見をもとに合意形成をはかるコンセンサス型民主主義に相応
しい選挙制度である．ただしこのメリットの裏面には，政治運営が不安定に
なりやすいというデメリットもある．

　ちなみに日本の国会では，議席の一定数を選挙区と比例代表にそれぞれ割
り当てる並立制がとられている．具体的には，衆議院では小選挙区に 289 名，
比例代表に 176 名が割り当てられ，参議院では選挙区に 148 名，比例代表に
100 名が割り当てられている．両院の違いとして，第 1 に，衆議院の比例代
表では政党が作成した候補者名簿の上位から当選者が決まるが (拘束名簿式)，
参議院の比例代表では有権者の個人名による投票数に応じて当選者が決まる
(非拘束名簿式)．第 2 に，衆議院では同じ候補者が小選挙区と比例代表の 2
つに重複して立候補することができ，前者で落選しても後者で復活当選でき
る．

(2)　インテンシティ

　ところで，私たちは誰であっても，投票所に行くと同じ 1 票を与えられる
(公職選挙法 36 条)．こうして，私たちの政治に対する多様な声は，同質な
一片の用紙へと形を変えるのだ．1 人 1 票の背景には政治的平等の理念があ
る．日本国憲法は，「すべて国民は，法の下に平等であつて，人種，信条，
性別，社会的身分又は門地により，政治的，経済的又は社会的関係において，

差別されない」ことを規定する（14条）．その個々の知識量を問わず，1人1票の参加権をもつという選挙制度は，人間が一人ひとり，異なれども平等であるとする近代人権思想に基づいているのだ．

　しかしだからといって，1票の重みが同じであるとは限らない．選挙結果によって大きく生活を左右される人であれば，決死の覚悟で1票を投じるだろう．その一方で，単なる好き嫌いや場当たり的な理由で投票先を決める人もいるだろう．選挙制度はこれらの1票を等しい1票として数える．その結果，意思のインテンシティ（強度），すなわち，「人間がある選択肢を望む，ないしは選好する度合」（ダール，1970：180）は意図的に無視される．もしそうであれば，1人1票の普通選挙を通じて自ずと最大多数の最大幸福が実現されるという見込みは，物事をあまりにも単純化していることになる．

　インテンシティを投票に組み込むような選挙制度はありうるだろうか（ヴァン・デン・ドゥール，1983：4章3節；曽根，1984：6章3節）．第1の考え方は，選好投票を導入することである．複数の選択肢のなかで，最優先の候補を選ぶだけでなく，第1候補，第2候補，……と優先順位を割り当てて投票することで，個々の選択肢に関して，他の選択肢と比べた場合の相対的優劣に関する情報を1票のなかに織り込むことができる．優先順位それ自体は序数的指標であり，インテンシティの把握としては代替的方法に留まるが，オーストラリアの議会選挙などで実際に導入されている．

　ただしその場合，投票の逆理が生じうることが指摘されている．投票の逆理とは，多数決ルールのもとで複数の選択肢をペア比較した場合に，選好順序の循環が生じてしまい，ランキングが一意的に決まらないという現象のことである．コンドルセの陪審定理［4章2(3)］で知られるニコラ・ド・コンドルセが先駆的に発見したと言われる．その後，個人選好を情報的基礎として一定の社会選好を導こうとする，経済学・政治学の一分野である社会的選択理論のなかで，逆理の性質や解決可能性の検討が進められてきた（佐伯，2018：1章；坂井，2015：2章）．

　例えば，富裕層，中間層，貧困層からなる有権者と，政治の重点項目とし

表 9-1　投票の逆理

	富裕層	中間層	貧困層
民間投資 (*x*)	1	2	3
育児支援 (*y*)	2	3	1
文化施設 (*z*)	3	1	2

て，民間投資の拡大（*x*），子育て支援の強化（*y*），文化施設の充実（*z*）があるとする．それぞれの選好順序は表 9-1 のとおりである．（*x*, *y*）を比較すると，富裕層と中間層が支持するので *x*，（*x*, *z*）を比較すると，中間層と貧困層が支持するので *z*，（*y*, *z*）を比較すると，富裕層と貧困層が支持するので *y* が選択される．これらの順序を繋げると，*x* は *y* より望ましく，かつ *z* は *x* より望ましく，かつ *y* は *z* より望ましく，かつ *x* は *y* より望ましく，……という循環が生じて 3 つの選択肢のランキングが一意的に決まらない．

　第 2 の考え方は，累積投票を導入することである．人々は複数票（例えば計 6 票）をもち，意思のインテンシティに応じて，それを分散して投票してもよいし（例えば *x* に 3 票，*y* に 2 票，*z* に 1 票），集中して投票してもよい（例えば *x* に 6 票）．複数票の配分を通じて各有権者の思いの軽重を伝えるわけである．比例代表制と同様に，少数派の意見を代表することに重点を置いた考え方で，投票方法としてはそれほど突飛な考え方ではなく，例えば会社の創立総会や株主総会における取締役の選任において利用できることが規定されている（会社法 89，342 条）．

　ただしその場合，いわゆる戦略投票が問題となってくる．戦略投票とは，意思のインテンシティに比例して誠実に投票先を選ぶよりも，例えば周囲の投票行動を勘案しながらとか，最終結果に対する投票の価値を高めるためとかで，本心とは異なる選択肢に投票することである．実際，曖昧な意思に応じて投票するよりも（例えば *x* に 2 票，*y* に 2 票，*z* に 2 票），熱狂的な意思を演じて投票した方が（例えば *x* に 6 票），最終結果に対する自分の投票の価値は高まる．すると，本心である曖昧な意思を裏切って，熱狂的な意思

を演じることを選んでもおかしくはない．

　ちなみにアメリカの連邦議会では，各議員は予備選挙を自力で戦って党内候補者となるため，個人商店の色彩が強い．その結果，議会内の政党組織もそれほど厳格ではなく，民主党の法案に共和党議員が賛成票を入れるなど，所属政党を越えた投票（交差投票と呼ばれる）が生じることも珍しくない．そこで，党議拘束に代わる議員同士の相互的な自己拘束として，互いが必要とする法案に対して互いに票を投じ合う投票行動，いわゆるログローリング（丸太転がし）が観察されている．こうした投票行動もまた戦略投票の一種である（ライカー，1991：6章5節）．

　一見すると，票取引は投票制度の誠実さを捻じ曲げる悪しき習慣のように見えるかもしれない．しかし，ここで問題にしているインテンシティの観点からは，むしろ肯定的に評価する向きもある．投票先の決定をそれほど重視していない人がそれを切実に必要とする人に委ねることで，投票結果にインテンシティを織り込むことができる．自分の票を金銭に変えることは明白に違法であるが，票と票を取引することは必ずしも違法ではない．ただし，票取引が寡占化や独占化に繋がるような，市場の失敗ならぬ投票の失敗が生じる場合には規制が必要だろう（ブキャナン／タロック，1979：18章）．

　ともあれ，インテンシティの問題を根本的に解決する選挙制度の提案は容易ではない．頭数で数えることと重みを測ることは根本的に相容れず，前者を優先すれば後者を犠牲にせざるをえない．功利主義の観点では，インテンシティを織り込むことが必要かもしれないが，政治的平等の観点では，それが必要かどうかも未決の問いである．ここでは，1人1票という，私たちにとって一見すると自明の選挙制度が，ひょっとするとそうではないかもしれないことを確認しておくに留める．

(3) 1票の格差

　1人1票問題と関連して，1票の格差問題が選挙のたびに世間を騒がせている．1票の格差とは，人口規模により選挙区間で1票の価値が異なること

である．例えば 2017 年衆院選では，定数 1 の小選挙区のうち，東京 13 区の有権者数は約 47 万人，鳥取 1 区の有権者数は約 24 万人で 2 倍近い人口の開きがある．どちらから選出された議員も，国会では等しく 1 票をもつため，東京都民が投じる 1 票は，鳥取県民が投じる 1 票の半分しか最終的な意思決定に算入されないことになる．このように，現状の議席配分や区割りが人口比例的でないことが，1 票の格差を生み出している．

　しかしそもそも，1 票の格差の何が問題なのだろうか．最高裁判決では，「各投票が選挙の結果に及ぼす影響力」が平等でないことが問題であるとされる（最大判昭和 51 年 4 月 14 日）．もしこれが議会に対する影響力なのだとすれば，死票をゼロに近づけるような全国統一の比例代表制でないかぎり，つねに過大・過少代表は生じる．あるいは，もしこれが議員に対する影響力なのだとすれば——例えば，東京 13 区の当選者の得票数が 20 万票，鳥取 1 区のそれが 10 万票であるなら，後者の 1 票は前者のそれの 2 倍の影響力があるように見える——，当選必要票数は他の候補者によっても投票率によっても変わる．

　また，議席配分が人口比例的であるべきかどうかも，実は平等観に応じて千差万別である（粕谷，2015）．平等化の対象は，個人単位であることも，地域単位であることもありうる．それに応じて，1 票の格差が政治的平等を脅かすかどうかが変わってくる．例えば，連邦型をとるアメリカの上院では[6 章 2 (2)]，人口規模にかかわらず各州に 2 名が割り当てられている．人口規模でいえば明らかに不平等だが，各州を対等な存在と見なせば，むしろ各州に同じ定数を割り当てることこそが政治的平等を保障するための仕組みだと言える．

　加えて，「両議院は，全国民を代表する選挙された議員でこれを組織する」という国民代表の建前のもとでは（日本国憲法 43 条），当選後の議員がどの選挙区から選出されたかに拘泥する必然性もない．要するに，1 票の格差が問題かどうかは，選出する側に関していかなる平等観を採用するかとともに，選出される側に関していかなる代表観を採用するかにもかかっているのだ．

代議制民主主義における代表性とは何を意味しているのか，さらにその理念を反映する選挙制度はどのようなものかを遡って突き詰める必要がある．

3.　選挙公約の重み

(1)　マニフェスト政治

ここまでは，どのように選挙を設計するかという制度の話だった．こうした枠組みのなかで，政治家がどのように選挙に臨み，有権者がどのように票を投じるかという話に移ろう．通常の本人‐代理人関係では，本人がはじめに意思を示して，代理人がそれを実現する．しかし政治の世界では，市場における商品の売買と同様に，代理人がはじめに選択肢を提示して，本人がそのなかから気に入ったものを選択するという順番になっている．選挙のたびに有権者に対して示される政治の選択肢のことをマニフェストという．

マニフェストは本人と代理人を繋ぐ契約書である．日本でも，21世紀臨調が「政権公約（マニフェスト）に関する緊急提言」（2003年）を発表し，候補者個人レベルの選挙公約ではなく，政権をどのように担当するつもりかという約束，すなわち政党レベルの政権公約を掲げて選挙を争うべきだと訴えた．そのことにより，個人本位，官僚主導と言われた長年の日本政治の弊害を一掃し，選挙を国民の信託として位置づけなおすことで国政全体に一本筋を通すことを狙ったのである．同年の衆院選では与野党が争って政権公約を打ち出したことから，マニフェスト選挙元年と呼ばれる（ただし本書では，選挙時の公約という意味で選挙公約という言葉を引き続き用いる）．

政治家はなぜ有権者に対して選挙公約を掲げるのだろうか．代議制民主主義において，その意味は明白である．なぜなら，政治家は有権者と約束を交わすことによって有権者の信頼を得，その地位に就くからである．約束は信頼を人為的に生み出すための一方策である．有権者は約束を通じて選挙時の言明と選挙後の行動のあいだの合致を予測し，政治家を信頼する．ここで約束と信頼は一対となっており，有権者と政治家のあいだの本人‐代理人関係

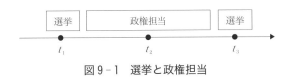

図9-1　選挙と政権担当

は，後者が前者に与える約束と前者が後者に与える信頼を通じて結ばれている．

　問題は，選挙公約が公約どおり実施されるかどうかである．選挙と政権担当のサイクルを図9-1のように考えてみよう．政治家が選挙時 t_1 に訴えた政策 p とは異なる政策 q が政権担当期間 t_2 に採用されれば，公約違反が生じたことになる．例えば，t_1 に保護貿易を訴えたにもかかわらず，t_2 に自由貿易を推進するならば，その政治家は公約違反を犯している．実際，2012年の衆院選時，当時野党だった自民党は政権公約で，TPP（環太平洋パートナーシップ）協定に関して「『聖域なき関税撤廃』を前提にする限り，交渉参加に反対する」ことを掲げたが，政権復帰後の翌年にはTPP交渉参加を表明し，支持基盤である農業団体からの抗議に晒された．

(2)　選挙公約と公約違反

　しかしながら，そもそも選挙時の公約を政権担当期間にそのまま引き継ぐべきかどうかは，一概には言えない．第1に，民意の多様性を考慮する必要がある．単一の選挙結果は民意の一意的な実在を示すものではないし，複数の選挙結果も民意の一意的な実在を示すものではない．与党支持者と野党支持者で民意は異なる．下院（衆院）選と上院（参院）選で民意は異なる．国政選挙と地方選挙で民意は異なる．このように，政治の総体をどのように切り出したとしてもつねに複数の民意を抱える以上，審議や妥協の結果として選挙時の公約が変化することは，代議制民主主義のなかで予期されている［6章3］．

　第2に，民意の非同一性を考慮する必要がある．内閣支持率が情勢に応じて刻々と変化するように，民意は固定的ではなく，状況に応じて柔軟に変化

表9-2 政党と政策の関係

	財政	外交	環境	支持政党
有権者 a	x	x	y	x
有権者 b	x	y	x	x
有権者 c	y	x	x	x
有権者 d	y	y	y	y
有権者 e	y	y	y	y
多数決の結果	y	y	y	x

出典：坂井，2015：92.

する．例えば，選挙時には好況だったが，その後不況が生じて失業者が多数
生じたとすれば，有権者は選挙時に与党が打ち出していた成長戦略重視から，
野党が打ち出していた生活保障重視へと心変わりするかもしれない．t_1 の民
意と t_2 の民意は同一ではない．両者に齟齬が生じている場合，政治家 t_2 が
t_2 の民意ではなく t_1 の民意に固執するならば，はたして代理人が本人の意思
を尊重していると言えるだろうか．

　第3に，民意の個別性を考慮する必要がある．表9-2の状況を考えてみ
よう．有権者が a から e まで5人いて，政党が x と y の2つある．個々の
有権者は，両政党の選挙公約を見て，特定の政策分野に関してそれぞれの意
見に相対的に合致する支持政党を決定する．個々の有権者が決定した支持政
党をさらに有権者間で集計した結果，支持政党ベースでは x 党が選挙で勝利
する．しかしながら，個別政策ベースではいずれの分野でも有権者の支持を
集めているのは y 党である．このように，支持政党として選挙で勝利する x
党の選挙公約が，個別政策ごとの有権者の意見を反映しているとは限らない．

　私たちはここで，一般的な本人－代理人関係と，政治的な本人－代理人関
係の差異に気づく．なぜなら，後者の政治的文脈においては，代理人である
政治家が本人である有権者に果たした公約に違反することが，ときに許容さ
れうるからである．代議制民主主義とは，政治家が有権者のために，有権者
に代わって意思決定を行うという政治制度である．それゆえ，政治家を選出
した段階で，実は代表する者とされる者のあいだには必然的にズレが生まれ

ることになる．このズレこそ，マニフェストが一般的な約束や私的契約とは
異なる点である（小松，2004；田中，2008）．

(3)　争点投票と業績投票

　そうだとすると，政権担当期間（t_2）の前後の選挙時（$t_1 \cdot t_3$）に，本人と
代理人は選挙を通じてそもそも何をしているのだろうか．すなわち，政治家
が選挙に臨み，有権者が票を投じるという行動には，政治的にどのような意
味があるのだろうか．こうした問いに対して，社会調査を積み重ねるなかで
人々がどのような意識で投票先を選択しているかを実証的に研究してきた分
野が投票行動論である．戦後のアメリカを中心に研究の蓄積が進み，有権者
の投票行動に関して複数の答えを出してきた．

　まず念頭に置かれたのは争点投票モデルである．すなわち，選挙ごとの争
点に対して候補者が政策案を示し，その良し悪しを有権者が判断して投票す
る．当初の研究では，政党帰属意識といった他の要因と比較して，争点投票
が少ないことが問題視された（Campbell, Converse, Miller and Stokes, 1960）．
その背景には，20世紀前半の民主主義社会の経験を踏まえ［4章3 (1)］，
民意の合理性に疑問を投げかける含意があったのだ．その後，1960年代の
政治・社会問題の噴出のなかで，争点投票の有無が問いなおされていった．

　ところが，1980年代以降に注目された業績投票モデルでは，合理的選択
学派の知見も取り入れつつ［4章3 (2)］，情報費用の観点から，合理性の指
標に関する別の見方が示された．すなわち有権者は，争点の是非を判断する
ために必要な時間と労力を節約するため，候補者の将来よりも過去に目を向
け，政権担当期間に政権が実施した政策のパフォーマンスに応じて次の投票
先を決定する．有権者の投票は，将来の政策に対する期待というよりも，過
去の政策に対する賞罰として機能するのである（Fiorina, 1981）．

　それゆえ，有権者が業績投票を行う程度に応じて，選挙公約の重みも変わ
ってくる．有権者が投じる1票は，本人が代理人に指図する機会としても捉
えられるし（有権者 $t_1 \rightleftarrows$ 政治家 t_2），本人が代理人に報いる機会としても捉

えられる（政治家 $t_2 \rightleftarrows$ 有権者 t_3）．後者のように，有権者の信頼が選挙後の政治家の行動よりも選挙前のそれに依存するならば，逆に政治家は選挙時の公約よりも政権担当期間の成果に注力することで，将来の有権者の信頼を当てにできる．どちらもそれなりの仕方で民意に応答しているわけで，どちらがより民主主義的かという問題ではない．

　選挙は，本人である有権者と代理人である政治家が相互に意思疎通する最大の機会である．とはいえ，有権者が選挙を通じて政治家に何を求め，それが政治家にどのように伝わるかは，具体的な選挙制度や投票行動によって大きく変わってくる．選挙期間中は，街宣車で手を振ったり駅前で握手を求めたりする候補者を目にする機会も増え，当日の選挙報道はさながら試合観戦の様相を呈するが，その総体を本人 - 代理人関係のもとで捉えれば，勝ち負け以上の重みが感じられるのではないだろうか．

第**10**章
政　　党
―個人商店に留まらない組織化の論理―

1.　政党政治とは何か

(1)　政治と政党

　日本の国政選挙では，有権者は選挙区の投票用紙に候補者名を記入し，比例代表の投票用紙に政党名を記入する（非拘束名簿式の参議院では比例代表の投票用紙に候補者名を記入することも可能）．それでは，直近の国政選挙で，自分がどの候補者に投票したか，その氏名を正確に思い出せるだろうか．私たちは選挙の際，候補者個人というよりもその候補者が所属する政党を意識して投票することが多い．実際，選挙公約もしばしば政党ごとに作成され，国会活動も政党に基づいて行われる．要するに，市民にとっても政治家にとっても，議会政治とは政党が中心的に立ち回る政党政治なのである．

　政党とは，政治に対する考え方（政策や思想）が大まかに一致する人々の集まりのことである．ラテン語の「分ける」を語源とするように，もともとは社会の特定部分という意味を帯びていた（サルトーリ，2000：1章1節）．日本語の「党」も，十七条憲法に「人皆有党」とあるように（1条），もともとは人々が自ずと群れ集まる様子を指している．近代政治のなかの政党は，市民の意見を汲みとり，それを議会へと伝達し，意思決定に結びつけるなど，代議制民主主義の中心的機能を担う自発的結社として発展してきた．

　日本国憲法は政党についてとくに規定していない．後述する 1990 年代の政治改革の一環として，「議会制民主政治における政党の機能の重要性にか

んがみ」て制定された政党助成法では，5人以上の国会議員を有するか，1人以上の国会議員を有し，かつ近時（衆議院では前回，参議院では前回・前々回）の国政選挙で2%以上の得票率を得た政治団体が政党に該当するとしている（2条）．無数に存在する市民の意見をそのまま政治に反映させるのは不可能であるため，こうしてある程度の考え方の一致を得た政治家を中心に，大小含めた複数の政党がその任に当たることになる．

(2)　政党の機能

代議制民主主義において，なぜ政党が必要なのだろうか．第1に，市民に対しては，民意の表出・集約機能がある．すなわち，単体では声の小さい意見を吸い上げ，大きな声へと整序する．例えば今の日本を見ても，細分化すれば1億人の市民がいれば1億通りの意見がある．こうした無数の意見を，最終的には単一の集合的意思決定にまとめ上げていくにあたり，まずは1桁で数えられるほどの大きなまとまりへと統合する．逆に，こうした政党の存在が，市民にとっては政治の大まかな選択肢として機能する．それがなければ，あまりに無数の選択肢のなかで個々の市民は途方に暮れてしまうだろう．

第2に，議会に対しては，政策形成機能がある．議院内閣制の場合，議会内で首班指名を行ったり，単独あるいは連立を通じて多数派を形成したりする．一般的に，法律の制定などの議会活動も多数決によって決せられる．もし政党が存在しなければ，ひとつの法案に対して数百人の議員がそれぞれ賛否を示すことになり，議会活動が大きく停滞してしまうだろう．例えば，毎年の国会では多い場合には100本近くの法律が成立している．限られた会期のなかで，政党の括りなしにこれだけの法案を審議・採決するのは不可能である．

第3に，政治家個人に対しては，補充・育成機能がある．政党に属することが，政治家が専門職としての経験を積むための機会となる．日本の国会でも，常任委員会など，議会活動の多くが政党を基盤とする会派単位で行われているため，有力な政党に属するほど地位や仕事を得やすい．例えば，自民

党長期政権下では，当選2回で政務官，3回で部会長，4回で副大臣や常任委員長，5回から大臣候補といった，当選回数に応じたキャリアパスが形成されてきた．こうした経験を積んだ政治家が，将来の執政部を担う候補となる．

(3)　政党政治と公共の利益

　政党政治の原型は，議会政治の母国イギリスにある．ウォルポール政権の崩壊が責任内閣制の契機となったと言われるが［5章3 (1)］，実際には「君臨すれども統治せず」の伝統がただちに定着したわけではなく，議会と国王のどちらが主導権を握るかをめぐってその後も綱引きが続いていた――すなわち，内閣が議会と国王の双方に責任を負う二元型議院内閣制の段階である（樋口，1973：1章）．1760年に即位したジョージ3世は，不遇をかこっていたトーリーを取り込んで親政政治の復権を目論む．同時に，アメリカ植民地に対しても高圧的な政策をとり，本国と植民地のあいだで緊張が高まっていた．

　こうしたなか，イギリスの政治家エドマンド・バークは，「現代の不満の原因を論ず」（1770年）というパンフレットを発表し，コート（宮廷派）に牛耳られ，国民との繋がりも失った政治状況を厳しく批判した．政権は今や，形式的に存在するだけの表の内閣と，国王の信任を受けた裏のコートという2重内閣のかたちをとって議会を骨抜きにしている．それに対して，「民衆の普遍的感覚を無視して宮廷の私的寵愛にもとづいて君臨するこの派閥（ファクション）」（バーク，2000a：85）を打破できるのは，国民全般の声を政治の現場に伝達する担い手である政党（パーティ）以外にない．というのも，

　　政党とは，その連帯した努力により彼ら全員の間で一致している或る特
　　定の原理にもとづいて，国家利益の促進のために統合する人間集団のこ
　　とである．……このような雄々しく名誉ある格律にもとづく気品ある権
　　力衝動は，地位や報酬目当ての下劣で私心ある抗争とは容易に見分けが

つくはずである．（バーク，2000a：80-81）

　バークの政党論については，それが政党政治のあるべき姿を描いた先駆的思想であるというプラスの評価（ホイッグ史観）と，ときの政権から外れた勢力が政権批判の自己正当化のためにもち出した弁明にすぎないというマイナスの評価（ネーミア史観）が鋭く対立している．のちに「保守主義の父」として歴史に名を残すバークが，保守党に連なるトーリーではなくホイッグのイデオローグと見なされていたというのも面白い．ともあれ，国王の介入を退けて内閣を支えるためには，議会自体が安定多数を維持する必要があったというのが，当時の政党化を促した一因である．

　その後のイギリスでは，選挙権を拡大する選挙法改正とともに［9章1(2)］，本格的な政党政治が定着していった．産業革命と並行して，資本家階級，労働者階級が選挙権を獲得するにつれて，政党組織もまた，議会内部の人的関係から形成され，党員や党費を個人的に賄う幹部政党から，議会外部の階級や集団から形成され，党員や党費を組織的に賄う大衆政党へと徐々に変貌していった（デュベルジェ，1970：1部2章1節）．こうしてイギリスでは，保守党と自由党，あるいは保守党と労働党という2つの政党が選挙ごとに政権を争う多数決型民主主義が確立するのである．

　戦前の日本でも，同様の政党政治の定着過程を見ることができる．1890年の帝国議会設立時，議会を根城とする政党は藩閥政府にとって徒党も同等であり，政党の意向で内閣が左右されることは天皇主権の建前にも反するとの警戒感が強かった．そこで，「政府ハ常ニ一定ノ政策ヲ取リ超然政党ノ外ニ立チ」（憲法発布に際しての黒田首相演説），議会内の政党構成にかかわらず，首相は元老によって推薦される超然主義が導入されたのである．加えて，大日本帝国憲法では内閣という文言すら用いられず，各大臣の単独輔弼制がとられた．

　しかし，いざ議会政治を実践すると，議会に足場をもたないまま政権担当することの不都合が目立ってきた．その結果，1900年には藩閥政治家の筆

頭である伊藤博文が自ら総裁となって政党組織である立憲政友会を設立した．
1918 年には，政友会総裁の原敬が首相となり，政友会会員が大半の大臣を
占める政党内閣が生まれる．その後，貴族院を基盤として超然主義を徹底す
る内閣が成立すると，選挙結果を踏まえた政権担当がなされるべきだとする
「憲政の常道」論のもとに批判が高まり，五・一五事件（1932 年）によって
挫折するまで，政友会と民政党を軸とする政党政治が短期間ながら実現した．

　このように，政党政治は代議制民主主義の黎明期に始まり，紆余曲折を経
ながら定着・拡大していった．現在では政党政治の機能低下が叫ばれながら
も，依然として議会政治の中心になっている．それでは，政党は実際にどの
ように機能しているのか．とりわけ，同じ政治家の持ち場である執政部の政
治権力の変化が指摘されるなかで［7 章 3］，政党の機能には今日どのような
変化が生じているのか．こうした論点を踏まえながら，本章では依然として
存在感をもち続ける政党政治について取り上げよう．

2.　政党間関係

(1)　二党制と多党制

　個人としての政治家ではなく組織としての政党が議会政治の中心になると，
政党には政治主体の単位としてあたかもそれ自体の勢力や態度が備わるよう
になる．こうした政党を構成要素とする競合的あるいは協調的な相互作用の
パターンを政党システムという（岩崎，2020：1 章；待鳥，2015：1 章）．政
党システムを大別すると，2 つの政党が政権を争って選挙に臨む状況を二党
制と呼び，3 つ以上の小中規模の政党が議会に存在し，主に連立を組んで政
権を構成する状況を多党制と呼ぶ．

　二党制をとる国は英語圏に多い．アメリカの共和党と民主党，イギリスの
保守党と労働党が典型的である．選択肢が事実上 2 つに絞られるため，選挙
結果が政権選択に直結することが二党制のメリットになる．ただしその裏面
として，市民にとっては採用される政策の幅について，選挙の時点である程

度の割り切りが求められる．多数決による効率的な政治運営を重視する多数決型民主主義に適しており，民意の表出機能よりも集約機能を反映させた政党システムと言える．

　多党制をとる国はヨーロッパ諸国に多い．歴史的に，人種・民族・宗教などの複雑な社会的背景をもち，現在もその複雑性を国内に抱えた国家が多いため，政党数がそれを反映している．単独過半数の議席を得る政党が現れにくいため，選挙後はしばしば連立政権作りに難儀する．また，連立次第でどの政党が与党入りするかが変わるため，選挙結果が政権選択に直結するとも言えない．国内の様々な意見をもとに合意形成をはかるコンセンサス型民主主義に適しており，民意の集約機能よりも表出機能を反映させた政党システムと言える．

　選挙制度と政党システムは密接不可分の関係にある．具体的には，小選挙区制は二党制を生みやすく，比例代表制は多党制を生みやすいというデュベルジェの法則が知られてきた（デュベルジェ，1970：2部1章1-2節）．法則の出発点として，小選挙区制は死票を生みやすく，比例代表制は死票を生みにくい［9章2 (1)］．死票が多ければ，候補者も小政党からの出馬を避けて大政党に流れるし，有権者も小政党への投票を止めて大政党に投票するようになる．結果的に，当落線上にある2人の候補者に票が集まり，二党制化が進む（ただし，厳密にはこうした結果が生じるのは選挙区単位であり，全国規模で二党制化が進むかどうかは別の問題である）．この法則を小選挙区制以外に拡張したのがM＋1法則である（リード，1997）．

　政党研究では，比例代表制は多党制を生みやすく，議会内に小政党が乱立することから，政治運営を不安定にするとの評価が一般的だった．その典型とされたのが，比例代表制を導入した結果，議会政治の機能不全とナチ党の台頭を許したワイマール共和国の苦い経験である．しかしその後，多党制のなかにも，イデオロギー距離が大きく政党数が多い分極的多党制と，イデオロギー距離が小さく政党数が絞られた穏健な多党制の違いがあることが指摘された（サルトーリ，2000：6章1，3節）．前者と違って後者は，コンセン

サス型民主主義のもとで二党制と同様かそれ以上に安定的な政治運営を実現しうる.

　日本は多党制の一種だが，1955 年の結党以来，自民党が 1993 年まで 40 年近くにわたり一貫して政権を維持し続けた．保守党としての自民党が政権を維持し，革新党としての社会党が第 2 党として対抗軸に回る構図を五五年体制と呼ぶ（升味，1964）．数年ごとに行われる総選挙のたびに自民党が繰り返し勝利し，ほとんど単独で与党の座に就き続けたのである．このように，2 つ以上の政党が存在し，かつ競争的選挙も存在するが，にもかかわらず 1 党のみが一定期間以上連続して絶対多数議席を維持し続け，政権交代が事実上発生しない状況は一党優位政党制と呼ばれている（サルトーリ，2000：6 章 5 節）.

(2)　与党と野党

　単独あるいは連立を通じて，議会内で過半数の議席をもつ勢力が，政権に「与る」「与する」ことに由来する与党である．それに対して，議会内で支配的地位を失った勢力が，「在野」から転じて政権担当から離れている状態を意味する野党である．政権担当から離れているため，野党はともすれば与党に口を差し挟むだけの抵抗勢力と見なされがちである．しかし，野党はただ議会に居座っているわけではない（吉田，2016）．具体的に野党の存在は，立法機能以外にも以下のような点で代議制民主主義の実践に寄与している.

　第 1 に争点明示機能での貢献がある［6 章 3（2）］．どれほどの地滑り的な大勝を収めたとしても，選挙で多数を占めた結果政権を担当する与党の背後には，その与党に反対する市民がつねに存在する．野党は，こうした民意の多様性を議会内に反映する存在であり，与党案を批判し，それに対する代替案を提示することで，政権担当の別の可能性を市民に示そうとする．逆に与党は，議会内に対抗軸があってこそ，与党案の正当性を野党を通じて市民に示そうとする．こうした与野党の論戦が蓄積されて，次回の選挙が新たな政権選択の機会となる.

第2に監視機能での貢献がある［1章2（3），7章2（2）］．一党独裁体制の弊害を見れば明らかなように，議会内に意思決定の是非を不断に監視する存在があることは，代議制の質を維持するための重要な支えである．とりわけ議院内閣制では，与党と内閣は事実上一体化するため，行政国家化にともない政治権力の比重を高める執政部に対して議会が統制を効かせるうえで，野党が果たすべき役割は与党以上に大きい．国政調査権と呼ばれる，証人の出頭，証言，記録の提出を強制する捜査権限が与党の拒否によって形骸化することもあるなか，野党に主導権を認める少数者調査権を導入している国もある．

自民党長期政権時代，日本の国会に関しては，簡便な認印を意味する「ラバースタンプ」論が知られていた（ベァワルド，1989：5章1節）．すなわち，政府・与党二元体制が確立した結果［7章3（1）］，立法機能は事実上国会の外で発揮され，国会は法律の作成にも審議にも採決にも大きな影響を与えることなく，与党事前審査を経た内閣提出法案を追認するだけの場にすぎないと思われたのである．しかしその後，政府・与党から外れた野党も，二院制，会期制，委員会制，全会一致制などの制度・慣行を通じて，一定割合の法案を廃案に追い込むほどの影響力をもっているという現象（粘着性）が注目された（岩井，1988：6章）．

今世紀に入ると，さらに別の国会像が示されるようになった．第1に，アリーナ型議会の側面が指摘された［6章3（2）］．与野党対立といっても政策領域によって一様ではなく，野党が議論しないことによる抵抗のかたちをとる弱い対立と，議論することによる抵抗のかたちをとる強い対立の違いが見られる（福元，2000）．第2に，多数決型民主主義の側面が指摘された［4章2（2）］．野党を有利にしていると思われた国会の制度・慣行も，公式的に保証されたものではなく，実際には与党は議事運営権を駆使しながら，重要法案に関しては自身の政策目標を着実に実現していくのである（増山，2003）．

(3)　弱い野党？

　ともあれ，野党が政権担当能力を発揮せず，万年抵抗勢力に満足してしまうようであれば，やはり与党の政権担当にも緊張感が失われてしまう．例えば戦後日本では，自民党結党に始まる 1955 年以降，非自民政党が政権を担ったのは，2020 年時点まで 65 年間のうちたった 4 年間でしかない．現在の衆議院が採用する小選挙区比例代表並立制のもとでは，選挙による政権交代こそが野党にとっての最大の武器となるはずである．なぜこの最大の武器が活かされないまま，与党の勝利が続く状況が生じているのだろうか．

　デュベルジェの法則によれば，小選挙区制は二党制を生みやすく，比例代表制は多党制を生みやすい．この選挙制度が野党にとって有利か不利かは一概には言えない．政権の獲得の観点からは多数代表的要素が望ましく，組織の存続の観点からは比例代表的要素が望ましい．野党にとって現状は異なった目標に資するための折衷的な選挙制度になっているのである．しかしながら，衆議院が小選挙区制と比例代表制という代表観のまったく異なる選挙制度を並立的に利用していることで，連動効果（汚染効果とも呼ばれる）が生じるとも指摘されている（水崎・森，1998；リード，2003）．

　具体的には，次のような連動が生じる．一方で，小選挙区制は大政党に有利な選挙制度であり，野党が政権交代を目指そうとすれば小政党から再編を繰り返して大政党に凝集する必要がある．他方で，比例代表制は小政党に有利な選挙制度であり，その存続に一役買っている．小政党にとっては，政党の存在感を示し，比例代表での支持票を確保するために，勝ち目のない小選挙区にも候補者を立てることが戦略上有利である．結果的に，比例代表では小政党が議席を得るが，小選挙区では小政党が分裂して大政党が易々と勝利する．両方の選挙制度に応じた選挙戦略は逆の方向を向いており，政界再編を困難にしているのだ．

　バークは言う——「われわれは自由な国土においては複数の政党が必ず存在しなければならないことを知っている」（バーク，2000b：231）．彼にとって政党は，政権が国王と結託して腐敗している場合に政治権力の内側から

声を上げるための活動基盤だった．英語では，「政 府」を担う与党に対抗する野党を「反 対」と呼ぶ．イギリス型の小選挙区制中心の議院内閣制を採用している以上，自民党一強を基調としてきた日本でも，それに則した政党間競争の仕組みを確立することが重要となっていくだろう（高安，2018：終章）．

3. 政党と派閥

(1) 中選挙区制

ところで，政党とは別に派閥という言葉を聞いたことがないだろうか．五五年体制のもと 40 年近く政権を担当し続けた自民党であるが，その内部は決して一枚岩ではなかった．なかでも，宏池会，経世会，清和会が 3 大派閥と呼ばれ，その前身も含めて戦後の大多数の首相を輩出してきた．自民党における派閥の原型は，戦後の憲法制定・講和独立時に首相を務めた吉田茂に近い吉田派と，それに反発する反吉田派が合流して自民党を結党した保守合同に遡る．自民党長期政権下では，総裁選は首相選出の機会に等しかったため，派閥を中心に選挙戦が繰り広げられ，それが擬似政権交代の役割を果たしていた．

戦後日本で，派閥が政治的に大きな役割を果たしたことの制度的背景には，かつて衆議院が，中選挙区制という世界でもまれな選挙制度を採用してきたことがある（砂原，2015：1 章）．中選挙区制では，有権者は各選挙区の候補者のうち 1 人に投票し，得票数の多い順に一定数までが当選する（単記非移譲式投票と呼ばれる）．一般的には大選挙区制に含まれ，両者の区別は研究者によって必ずしも一定していないが，本書では，選挙の区割りが複数か単一かによって両者を区別する．結果的に，中選挙区制の区割りや定数の大きさは，小選挙区制よりも大きく，大選挙区制よりも小さい中間規模になる（表 10 - 1）．

中選挙区制の場合，複数の選挙区に複数の定数を割り当てる．例えば東京

表 10‐1　選挙制度の分類

	小選挙区制	中選挙区制	大選挙区制
区割り	複数		1
定数	1	複数	
例	衆議院，参議院 1 人区，都道府県議会 1 人区	参議院複数区，都道府県議会複数区，政令指定都市議会	政令指定都市を除く市町村議会，特別区議会

　都議会では，都内全体が 42 選挙区に分割され，それぞれの人口規模に応じて 1 から 8 の議席定数が割り当てられている（なお，定数 1 の場合小選挙区制に等しい）．かつての衆議院，現在の参議院複数区，都道府県議会複数区，政令指定都市議会が中選挙区制を採用している．大選挙区制の場合，単一の選挙区に議席数全員分の定数を割り当てる．例えば東京都区議会では，大田区や世田谷区，練馬区で全域を 1 区として 50 の議席定数が割り当てられている．かつての参議院全国区，現在の政令指定都市を除く市町村議会，特別区議会が大選挙区制を採用している．

　中選挙区制ではなぜ派閥が形成されるのか．衆議院は 1994 年まで，1 選挙区におおむね 3 から 5 の議席定数を割り当てる中選挙区制を採用していた．第 1 党が国会で単独過半数を作るためには，1 選挙区内に 2 人以上の候補者を立てなければならない．その結果，同じ政党の候補者が同じ選挙区で票を争う同士討ちが生じてしまう．所属政党が同じである以上，候補者は党執行部の代わりに党内派閥に選挙協力を頼らざるをえない．派閥が集める政治資金はしばしば党執行部が集めるそれを凌駕し，当選後の政治家は政党よりも派閥に忠誠を誓うようになる．一党優位政党といっても，五五年体制期の自民党は内部に多様性を抱えた派閥連合体の様相が強かった．

　こうした選挙制度の起源については，それが明治時代に遡るとの分析がある（ラムザイヤー／ローゼンブルース，1995：4 章 1 節；2006：4 章）．自由民権運動を懐柔するために国会開設を約束した明治政府は，その一方で衆議院に対する牽制機関として貴族院を設けるなど，様々な方策を講じた．帝国議会設立時，衆議院は小選挙区制を採用していたが，政党の伸長を嫌う元老

山縣有朋の意向により，10年後に政党内の同士討ちが生じやすい大選挙区制に改められたとされる．その後，普通選挙法（1925年）により中選挙区制が導入され，戦後の一時期を除いて残存した．

　ちなみに，同じ選挙制度上の理由から，中選挙区制や大選挙区制を採用する地方議会では，現在でも政党投票による選挙が成立しにくいことが指摘されている（砂原，2017；建林，2017）．加えて，二元代表の仕組みをとることから［7章2（1）］，首長およびその候補者は地方議会に基盤をもつ必要が必ずしもないため，特定政党に所属しない（無所属）ことが多く，各政党も公認ではなく推薦として候補者を支援する．近年では，大阪維新の会や減税日本，都民ファーストの会など，首長が主導となって地域政党が形成される場合もあるが，国政に一定数の基盤がないと法人格としての「政党」は付与されない．

　中選挙区制には金権政治を助長する側面もあった．同一選挙区内で同士討ちを戦う自民党候補者にとっては，政党投票ではなく個人投票を獲得することが必要となる．その結果，地域や政策分野で棲み分けをはかりつつも，選挙区への利益誘導に訴える状況が生まれた．加えて，定数が複数あり，低得票率の候補者であってもそれなりに当選できたことが，余計に特定支持層や組織票の重視に繋がった．リクルート事件や佐川急便事件など，1980年代末より自民党（とりわけ経世会系）の政治家が大きな汚職事件を起こしたことで，その元凶が選挙制度自体にあるのではないかとの批判が高まった．

（2）　派閥支配から首相支配へ

　リクルート事件後，世論の批判の高まりを受けて自民党が取りまとめた「政治改革大綱」（1989年）では，「国民本位，政策本位の政党政治」の実現が基本原則として掲げられた．また，超党派の議員や民間の有識者からなる，のちに21世紀臨調の母体となる政治改革推進協議会（民間政治臨調）が発足し，「政治とカネの実態，相次ぐ不祥事の発覚により，……議会制民主主義は崩壊の危機に瀬している」との強い警鐘が鳴らされた（発足宣言）．そ

の元凶とされた選挙制度の改革を柱とする政治改革四法が，宮澤喜一政権および自民党が下野したのちの非自民政権によって進められた．

　改革の第1は，衆議院における小選挙区比例代表並立制の導入である．小選挙区では，政党の公認候補が1人となり，党執行部の公認権が強まった．比例代表でも，重複立候補により復活当選が可能であるため，党執行部が作成する候補者名簿が重要になる．党執行部に逆らっては次回の選挙を戦えないため，党内の統制力が強化される．実際に，小泉純一郎政権が仕掛けた郵政解散では，郵政民営化に反対する自民党議員を公認から外し，同じ選挙区に「刺客」を送り込むことが見られた．

　第2は，政治資金規正法改正である．中選挙区制はカネのかかる選挙と言われていたが，改革の結果，政治献金の方式が大幅に制約され，個人・派閥単位の資金集めに限界が生じた．政治家個人への寄付が禁止され，企業・団体の献金先が政党支部を含む政党および資金管理団体（のちに禁止）に限定された結果，政党所属議員と無所属議員の資金集めに格差が生じるようになる．こうして，政治資金の側面からも，派閥と議員の関係に綻びが生じるようになった．

　第3は，政治資金規正と同時並行で導入された政党助成制度である．遊説費・広告費・人件費など，実際の政治活動に必要な資金を賄うため，国民1人あたり250円を目安に，現在では総額で300億円を超える政党交付金が毎年準備され，要件を満たす各政党に配分されることになった．政党交付金を実際に各議員や各選挙区に配分するのも党執行部であるため，独自の資金集めに代わってこれらの資金に依存する所属議員に対して，やはり党執行部の権限が強まった．

　こうした重層的な政治改革の結果，現在派閥の存在感は薄れていると言われる．「政治改革大綱」に掲げられたように，政党中心の政治を目指して議会活動や選挙活動がなされるようになり，党執行部は存在感を高める一方で，党内派閥は存在感を弱めた．現在，菅義偉や小泉進次郎など，自民党に所属しながらも特定の派閥をもたない無派閥議員も数十人規模となってきている．

五五年体制下では派閥の領袖が総裁選に出馬し，首相になることが通常だったが，政治改革以降はその傾向も薄れている．

　代わりに進んだのは，強力な首相支配である（竹中，2006）．2001 年の橋本行革を契機として，大統領制化とも呼ばれる執政権力の個人化の素地が整った［7 章 3 (2)］．こうなると，政党内でも従来の組織的基盤が変化し，党首個人を中心とした党執行部への集権化が進むことになる．派閥の弱体化を招いた政治改革と政党の弱体化を招いた橋本行革の相乗効果により，戦後日本を形成した五五年体制とは根本的に異なる新たな体制が，今世紀に現出しつつあるとすら言えるかもしれない．

(3)　政党政治の将来

　政党政治の見通しはどうだろうか．政治資金や公認権を通じて党執行部に生殺与奪権を握られた各政治家は，その意向に唯々諾々と従うか，あるいは反発して離党・新党結成を繰り返すなどして，政党政治のダイナミズムが失われたとも言われている．実際，衆参合わせて 700 人を超えるはずの個々の国会議員の活動は，時おり生じる失言や不祥事を除いてはますます市民にとってよく見えなくなっている．2012 年末から約 8 年間に及んだ「安倍一強」時代が突然の終焉を迎え，自民党はかつての派閥政治も含め，次に進む先をにわかに模索しはじめている．

　市民の側でも，政党政治への期待がそれほど高いようには見えない．政治改革以前は，中選挙区制のもとで政党よりも候補者個人に投票する傾向に促された．改革以後も，政党政治の実現という狙いとは裏腹に，特定の支持政党をもたない無党派層は増加し，各政党の党員数は減少している．思えば，今日に至る政治改革の発端となった「政治改革大綱」でも，その掛け声として「国民本位」の政党政治が謳われていたはずである．改革から 4 半世紀が過ぎ，議会と執政部の関係も大きく変化した今，あらためて代議制民主主義における政党の意義が問いなおされている．

第11章
団　体
―カネとフダは社会全体を良くするか―

1.　団体政治とは何か

(1)　個人と団体

　身近な政治の場面を思い描いてみよう．例えば，ゴミ出しのルールや設備の修繕など，何らかの希望や不満があって，自治会や管理組合に陳情したいと思ったとする．人々は具体的にどのように行動するだろうか．単身で突然押しかけても，「それは一個人の意見」ということで一蹴されてしまうかもしれない．そうした場合に，あらかじめ隣近所で意見形成をしておいて，その総意として陳情すれば，聞く方も無下にすることはできないだろう．このように，私たちにとって政治参加とは，しばしば集団形成と団体行動をともなうのである．

　団体活動を中心とする政治を団体政治と呼ぶ．ここでいう「団体」とは，ロビー活動・選挙活動・署名運動などの政治活動を通じて，民意の表出・集約を行う組織のことである．例えば日本では，第1に，経済団体，農業団体，専門家団体などのセクター団体，第2に，教育団体，行政関係団体，福祉団体などの政策受益団体，第3に，労働団体，市民・政治団体などの価値推進団体がある（村松・伊藤・辻中，1986）．政治的主張を掲げ，影響力を行使する点で啓蒙団体とは区別され，一時的ではなく組織的な基盤をもつ点で市民集会とも区別される．

　市民は団体政治を通じて，政治家に対して日常的に接点をもち，恒常的な

影響力を発揮することができる．個人単位では無力を感じることの多い政治参加であるが，政治家にとっての命綱である選挙への協力を切り札にすることで，集団単位での政治参加はその要求を一気に可視化することができる．政治の世界における本人–代理人関係は1対多の関係にあるが［1章3（1）］，市民がただの群衆ではなく正式名称や統一見解を備えた団体を形成することで，政治家との関係を1対1の専属関係に近づけることができるのである．

（2） 政党と団体

　前章で見たように，19世紀以降，選挙権の拡大とともに政党が市民の声を引き受ける受け皿となってきた．ところが，20世紀に入ると，産業構造の変化による地域的な共同社会の崩壊と，それに代わる広域的な職業階級の結合が進む．こうした，「分化」や「分業」の度合いをますます深める社会生活の変化のなかで（ジンメル，2011；デュルケーム，2017），いわゆる業界団体の特殊利益を政治に代弁する機能として，団体政治が登場してきた．政党と団体は，本人である市民と代理人である政治家を接続する2つの主要な経路となっているのだ．

　両者の区別は第1に，政治的関心の範囲である．かつてはともかく，現在の政党は「国家利益の促進のために統合する人間集団」として，公共の利益の実現を直接的な政治目標とする．それに対して，団体はあくまでも自分たちの特殊利益の実現を目標とした自発的結社であり，選挙を通じた公的承認を受けているわけでもない．例えば，農協や医師会といった業界団体は，保守や革新といったイデオロギーよりも，農家や医者といった社会の部分的利害に基礎を置いている．

　第2の区別は，政権担当の意思である．政党の目的は究極的には，自らが与党に参入して意思決定に直接携わることであるが，団体の目的はこうした包括的な意思決定に携わることではない．かれらが関心をもつ対象は，あくまでも自分たちの特殊利益に関連した特定の政策領域に限られる．与党と野党の区別も，政党には当てはまるが，団体には当てはまらない．ときの政権

担当者が誰であろうとも，その都度自分たちの特殊利益を追求し，政策に影響を与えることが団体の行動原理である．

(3)　団体政治と公共の利益

　議会政治の母国がイギリスであるとすれば，団体政治の母国はアメリカである．アメリカはイギリスの植民地として始まったが，18世紀半ば，第二次百年戦争のなかで北米大陸におけるフランスの脅威が一掃されると，印紙法や茶法に代表されるように，不平等な関係を盾に圧力を強めようとする本国と，それに反発する植民地のあいだで対立が深まっていった．1775年には軍事衝突に発展し，翌年には13植民地が一方的に独立宣言を発表し，最終的に1783年のパリ条約で本国からの独立が正式に承認された．

　本国の圧政に対して立ち上がり，独立を勝ちとった経緯をもつアメリカでは，はじめから多元性を秘めた土地で，どのように統一国家を作り上げるかが，最初のそして最大の課題だった．せっかく独立を勝ちとったのに，またすぐ近くに統一政府が生まれて抑圧されてはたまらない——アメリカ諸邦のなかにはこうした後ろ向きの意見をもつものも少なくなかった．そうしたなか，連邦政府の設立に消極的な諸邦を説得するために書かれたパンフレットが『ザ・フェデラリスト』（1788年）である．

　パンフレットの共著者で，アメリカ建国の政治思想に多大な影響を与えたのが，「合衆国憲法の父」と呼ばれることもある，のちの第4代大統領ジェームズ・マディソンである．マディソンはそのなかで，独立宣言でも謳われた個人の権利と人民の同意を基礎とするような統一国家の具体的な姿を描き出そうとした．この目標を達成するために，何としてでも抑制しなければならないのが，公共の利益に反する特殊利益によって結ばれた派　閥の跋扈である．彼は言う．

　　　人民による政治の下で多数者が一つの派閥を構成するときには，派閥が，
　　　公共の善と他の市民の権利のいずれをも，自己の支配的な感情や利益の

犠牲とすることが可能になる．それゆえに，人民による政治の精神と形体とを保持しつつ，このような派閥の危険性から公共の善と私的な権利との安全をはかることが，われわれの探究すべき重要な課題となる．（ハミルトン／ジェイ／マディソン，1999：59）

　それでは，党派的活動によって公共の利益が損なわれるのをどうすれば防げるだろうか．ひとつの方策は，そうした活動の自由を制限することだが，それは「自由の恵沢の確保」を国是とするかれらにとって [3章1 (1)]，「角を矯めて牛を殺す」類の本末転倒である．むしろ，党派的活動を小さなものに留めておき，国家全体を支配するような一大勢力化を抑制することで，自由と公正が両立しうるだろう．そのための制度的保障は，第1に間接民主主義の導入であり [6章1 (1)]，第2に各邦を包含する連邦制の導入である [12章2 (1)]．

　「万が一，人間が天使ででもあるというならば，政府などもとより必要としないであろう」（ハミルトン／ジェイ／マディソン，1999：238）——こうした現実主義的感覚を備えていたマディソンは，党派的活動を人間本性に根差す現象として受け入れたうえで，その危険性が一定の制度編成のもとで動態的に緩和される道筋を示した．はたしてその後のアメリカ政治は，彼の青写真を実現するものになっているだろうか．本章では，アメリカを中心とする団体政治研究を紐解きながら，この問いに取り組んでみよう（なお，利益団体はその目的の側面を，圧力団体はその手段の側面を示しているが，本章では両者をとくに区別しない）．

2.　団体政治の2類型

(1)　ベントリーの政治過程論

　独立後のアメリカで団体政治が伸長したことには対照的な要因がある（上林，1976）．一方では，社会的出力面の多様性である．「人種の坩堝」とも言

われる移民国家ならではの民族的・文化的多元性を備えていたうえに，産業
革命を経た社会内分業の結果として，交通・通信の発達による経済活動の広
域化と並行して全国的な職能利益が発達していった．加えて，19 世紀後半
の大不況時代，20 世紀前半の大恐慌時代を経て行政国家化が進むと［7 章 2
(3)］，いよいよ職能代表を通じた利益防衛の必要性が増したのである．

　他方では，政治的入力面の限定性である．選挙制度として，上院では各州
に 2 名，下院では各州に人口比例的に議席を割り当てた小選挙区制を採用し
た結果，連邦議会は各州あるいは各選挙区の地域代表の色合いが強くなり［6
章 2（2)］，かつ政党システムは二党制化する［10 章 2（1)］．世界的にもま
れなほどの社会の多様性を抱えながら，それを反映するための政党政治とい
う公式的な経路が限定されていることが，代替的経路としての団体政治の活
発化に繋がった．

　20 世紀初頭に団体政治研究の先陣を切ったのが，政治学者のアーサー・ベ
ントリーである．その第 1 の特徴は，全体としての国家の否定である．19 世
紀までのアメリカ政治学は，G.W.F. ヘーゲルの影響下で国家を有機的全体
として捉え，その起源や原理，機構などの解明を目指すドイツ国家学を範と
していた．ベントリーは，当時学問分野として制度化されつつあった社会学
の影響を受け，政治を徹頭徹尾社会の観点から分析する視座を切り開いた．
「〈国家〉それ自体は，われわれの研究における何の要素でもない」（ベント
リー，1994：329）と言い切る彼の政治過程論は，当時まだほとんど異端だ
った．

　第 2 の特徴は，部分としての個人の否定である．ベントリーの考えでは，
個人の行動はつねに利益を通じて分析可能であり，かつそれはつねに集団活
動として生じる．それゆえ，現実の政治行動を分析する際には，利益を共有
する集団が基礎単位となる．「単独のものとして述べられたり，それ自身が
超社会的な統一体とされている個人は，虚構である」（ベントリー，1994：
270-271)．ここでは市民個人による政治参加は重視されていない．個人の利
益はつねに個人が属する集団を通じて表出されるからである．国家対個人と

いう従来の自由主義的視点は，集団という中間項への注目により相対化された．

　ベントリーにとって政治とは，国家の観点でも個人の観点でもなく，様々な社会的諸集団が自分たちの特殊利益を争うなかで生じる，競争と均衡の過程である．形式的に表すと，以下のようになる（田口，1969：28-42；辻中，1985：179-185 をもとに作成）．

$$PE = f(PG) = f(f(UG))$$

　ここで，*PE* は政治的均衡を，*PG* は政治的集団活動を，*UG* は基底的集団活動を意味する．すなわち，政治的均衡は究極的には，無数の基底的集団が織りなす活動の関数である．政府を舞台とした多元的な圧力と圧力の合成はいずれ一定の均衡を迎え，それが法律となって具体化される．こうして，「統治の現象はすべて，相互に圧迫し合い，相互に形成し合い，調整のために新しい集団や集団代表（統治の機関あるいは部局）を押し出す集団現象である」ものとして記述されるのだ（ベントリー，1994：335）．

　翻って，公共の利益はせいぜいのところ政治的均衡に名づけられる別名にすぎず，それ自体分析の 1 次的対象にはなりえない．なぜなら社会とは，それを構成している集団の複合体以外の何物でもないからである．「国民全体の利益を決定的なものとして扱うことは決して正当化されない．つねに，他の部分に対抗していると思われる国民のある部分が存在するのである」（ベントリー，1994：277）．かつて，マディソンの議論では党派的活動とは区別される概念として意味をもっていた公共の利益は，今や科学的に検証できない分析対象として放逐された．

（2）　多元主義

　戦前の先駆者における「全体」なるものに対する徹底した忌避感は，戦中・戦後の西側諸国における全体主義体制への対抗意識と呼応するものだった．こうして戦後のアメリカ政治学では，デイヴィッド・トルーマンらの多

元主義が一躍活況を呈したのである．多元主義者は，政治をカネとフダを駆使して椅子取りゲームが繰り広げられる競技場<ruby>アリーナ</ruby>として捉える．集合的意思決定は，特殊利益を追求する多数の団体が政治に対して相互に圧力を及ぼす影響力の合成として，すなわちそれぞれが向きと大きさをもつ特殊利益が収束したベクトル和として生じる．

　多元主義者が団体政治のモデルとしたのがロビイング（ロビー活動）である．この用語は，ホテルのロビーで議員と私的に接触し，陳情を行うことが語源になっている．アメリカの連邦議会では，少人数の議員が委員会を中心に立法を進め［6 章 3 (2)］，党議拘束も弱い［9 章 2 (2)］．特定の政策分野に関して，議会内での議員個人の影響力が比較的大きいため，ロビイングを通じて特殊利益が反映されやすいのである．戦後に野放図な活動を規制する連邦ロビイング規制法が制定されると，これが逆に団体政治の制度化を促すことになった．

　しかし，こうした政治形態はマディソンが懸念したような派閥の跋扈を招かないだろうか．多元主義者によれば，集団単位の利益の拡散に加えて，個人単位でも利益が拡散することにより，こうした危険性を緩和することができる．人々の地位や属性は，それ自体が多面的であり，相互に衝突や矛盾を孕む．結果的に，人々が求める特殊利益は何であれ桎梏を生み，内側のブレーキがかかって穏便なものにならざるをえない．近現代社会のこうした現象を，ベントリーは「諸集団の無限の交差」と表現し（ベントリー，1994：260），トルーマンは「重層的メンバーシップ」とも形容している（Truman, 1971: 157-167, 508-510）．

　多元主義において，政府が独自に果たす政治的役割はそれほど大きくない．むしろそれは，団体の多様な圧力にその都度なびいて自由自在に向きを変える風見鶏のような存在として位置づけられてきた．ただし，特殊利益の調整役として一定の主体的役割を果たすことも期待されている．具体的には，社会内に広く拡散し，あまりにも当然視されているために可視化されにくい潜在的利益を政治に反映させるため，政治という名の競技場で尊重されるべき

表11-1　団体政治の比較

	団体内	団体数	団体間	対政府
多元主義	自発的	不特定	競争的	認可なし
ネオコーポラティズム	義務的	寡占的	協調的	認可あり

出典：シュミッター, 1984：34-41 を要約.

「ゲームのルール」を，政府は権利章典や議会の公聴会のような仕組みのなかに体現しているのである（Truman, 1971: 372-377, 446-450, 510-516）.

(3) ネオコーポラティズム

　その後，1970 年代以降の団体政治研究では，こうした団体が公的認知をともなって意思決定に直接関わる現象に注目が集まった．これは多元主義と区別してネオコーポラティズムと呼ばれ，具体的には政労使が非競争的に協調行動を行い，市民各層の自発的な同意を調達することを指している（表11-1）．こうした政治手法は，一方では階級対立を回避するため，他方では国家による経済管理を強化するため，福祉国家路線をとるヨーロッパ諸国で幅広く見られるようになった．ちなみに，「ネオ」が付されるのは，ファシズム期イタリアにおいて目指された「組合国家」との違いを示すためである.

　ネオコーポラティズムの特徴は，意思決定過程における頂上団体による折衝である．そのための第1の条件は，団体の結合が進み，各分野で一本化された全国組織があることである．団体は相互に系統化され，位階制をともなう大組織を形成している．第2の条件は，政府が団体を公認して審議会などの意思決定過程に関与させることである．ここで政府は，政労使の3者機関の一角として，積極的に指導力を発揮する政治主体として位置づけられている．ただしその場合，選挙や議会をバイパスした団体政治にいかなる民主的正統性を見出せるかについては疑問の余地もある.

　ネオコーポラティズムへの注目は，戦後政治学におけるアメリカ的モデルの覇権に対して，ヨーロッパの政治学者が代替モデルを示そうとするものだった．とりわけ 1970 年代の石油危機時には，低インフレ・低失業率を目指

して各国が政労使の協調を推進したことから一躍注目を集めた．こうした研究は，エリート間の非競争的協調関係が実現されることで政治運営の安定が得られるという，多数決型に代わるコンセンサス型民主主義とも親和的である（レイプハルト，2014：9章）．

　加えて，アメリカ政治学内でも，社会から自立してそれに影響力を及ぼす「強い国家」像を提示する新国家論が登場する（Evans, Rueschemeyer and Skocpol, 1985）．これは，団体の多様な特殊利益が交差する競技場として，風見鶏のようにその都度向きを変える多元主義の「弱い国家」像とはまったく異なるものだった．また，文化大革命，プラハの春といった1960年代の世界史的事件や，「アジアの奇跡」と呼ばれる発展途上国の急激な経済発展は，国家のあり方やその多様性をあらためて政治学者の意識に植えつけ，政治体制論や政治発展論などの豊富な比較政治学研究に繋がっていった．

(4)　日本の団体政治

　日本の団体政治が多元主義とネオコーポラティズムのどちらにあたるかは議論の余地がある．高度経済成長期のように，官僚の指導のもとでいわば総力戦を戦っていた点では，ネオコーポラティズムの要素に近いように見えるかもしれない．実際，農協や医師会のような業界団体も高度に組織化されている．ただし，経営者側に対して労働者側では，企業別組合が定着するなかで集権化が進まず，政官業の協調はあっても政労使の協調は進まなかった．その結果，日本の団体政治はヨーロッパのモデルと比較して「労働なきコーポラティズム」であるとも指摘される（ペンペル／恒川，1984）．

　その一方で，1980年代以降，日本政治を分散的な社会構造のなかに位置づける日本型多元主義論が一世を風靡した（村松，1981）．すなわち，団体政治を，それまでのエリート主導的な観点から，多様な政治主体による政治的操作として捉え返したのである．海外ではネオコーポラティズムの隆盛を受けて守勢に回っていた多元主義が，同時期の日本で再注目されたというのは興味深い．実際，1970-80年代に増加したとされる調整型官僚像も，こう

した多元主義的政治観に合致するものだった［8章3 (1)］.

　また，戦後日本の団体政治の特徴は，官僚が一方で管轄内の利害を代表し，他方で管轄間の交渉を行う「官僚制多元主義」（仕切られた多元主義）にあるとの指摘もあった（青木，1992：7章）．こうして得られた果実は，予算増分主義のもと省庁間で分配され，結果的に日本社会全体を底上げしていったのである．経済成長が停滞すると，自民党長期政権下で，限られた予算を獲得することが共通目標となり，政官業が政策分野ごとに強力に癒着する「鉄の三角同盟」が注目された．このように，日本型多元主義の実像をどのように捉えるかによって，ネオコーポラティズムとの距離も異なってくる．

3. 団体政治の是非

(1) 偏向的動員

　以上見たように，戦後政治では団体が無視しえない影響力を発揮し，政治学者もその影響力に注目してきた．しかしその一方で，多元主義であれネオコーポラティズムであれ，団体の特殊利益を中心に展開される政治観に対しては，様々な批判も向けられている．例えばアメリカでは，国民皆保険制度が医療保険業界の圧力によって，あるいは銃規制が全米ライフル協会の圧力によって，繰り返し阻止されてきた．はたしてこうした団体政治の現実は，社会全体の利益を正しく映し出すだろうか，それとも歪めるだろうか．以下では団体政治に向けられる批判を3点列挙して示そう．

　はじめに，偏向的動員の問題がある．団体政治モデルでは，各団体が特殊利益を追求した結果，そのひとつが突出して政策を歪めることなく，一定の均衡が達成されると想定する．マディソンが憂慮していたように，実はこの見立てには幾つかの前提条件が必要である．すなわち，第1に強すぎる団体が存在しないこと，第2に対抗団体が存在すること．そこでは，ある団体が特殊利益を求めて声を上げれば，あたかも反響音が生じるかのように，別の団体が対抗して声を上げることが当然視されている．

　問題は，すべての特殊利益が団体によって表現されうるかである．最後の最後まで組織化されない利益が存在したらどうだろうか．その場合，声なき声は政治に反映されず，特殊利益に配慮する政治家からも捨て置かれるようになる．E.E. シャットシュナイダーは，団体化に必要な動員がそもそも偏向的であることから団体政治モデルを批判する．「圧力政治は一つの選択過程であるが，それは多岐にわたる利益に奉仕するには適していない．圧力組織は少数派を支持しており，歪んだ，ある比重のかかった，そして均衡を失したものである」（シャットシュナイダー，1972：51）．

　団体政治を見て気づくことは，第1に，そこで活発に活動する組織がしばしば小規模であること，第2に，それが上層階級に偏っていることである．逆に，数のうえでは大規模であるはずの，社会・経済的地位の低い人々のあいだでは組織化の傾向が弱い．これが示しているのは，特殊利益の競争と均衡の結果は，〈共通型〉はおろか〈総和型〉の公共の利益と見なすこともできないということである．それゆえ，「公共の利益と私的な利益とを区分することは，政治研究のために不可欠な用具である」（シャットシュナイダー，1972：40）．こうした公共の利益を担う契機として，団体政治に代わる政党政治が擁護されている．

(2)　集合行為問題

　なぜ少数者が多数者を支配できるのだろうか．この問いに理論的に答えを示したのが，政治経済学者マンサー・オルソンである．集合行為を成立させる鍵となるのは集団の規模である．大集団になるほど，個人は集団的利益を達成するために行動する誘因を失うというのだ．一方で，集団規模が小さければ，集団的利益と個人的利益は一致し，集団は組織化されやすい．他方で，集団規模が大きければ，集団的利益と個人的利益の不一致が生じ，集団は組織化されにくい．このように個人と集団のあいだの利益が乖離する現象を，オルソンは集合行為問題と名づけた．

　オルソンによると，集合行為問題は2つの要因からなる．第1に，集団が

大規模になると，個々の構成員の行動が目に届きにくくなることである．集団内で頑張っても頑張らなくても，結局同じであるため，個々の構成員は集団形成・集団活動に加わる積極的誘因を失う．集合行為は公共財問題と同様のフリーライダー問題を抱えるのだ［3章3 (3)］．第2に，集団が大規模になるほど個人の分け前が小さくなる一方で，集団形成・集団活動の取引費用が大きくなることである．小集団であれば，少数者が成果を独占するが，大規模集団であれば，個人が成果から得られる見返りは小さくなる．

　こうした理由から，集団規模は大きいが社会内に拡散した利害は，表出されない傾向にある．ラウドマイノリティに対してサイレントマジョリティは集合行為の点で後れをとってしまうのである．オルソンが言うには，「相対的に小規模な集団は，しばしばその共通の利益を擁護するために進んで組織化をはかり，活動することができる．大規模な集団は，通常それができない．かくして，社会の多様な集団間の政治闘争がもたらす結果は，均整のとれたものとはならないであろう」（オルソン，1996：158）．個人の私的利益と集団の特殊利益を連続的に捉える多元主義者とは裏腹に，ここでは両者のあいだの断絶に注意が向けられている．

　ちなみに，集合行為問題を囚人のジレンマと同一視できるかについては賛否両論がある（Hardin, 1982: ch. 2; Tuck, 2008: ch. 1）．囚人のジレンマとは個人的合理性と社会的合理性のあいだに乖離が生じる現象であるが，主体が2人からなる社会でも生じうる［3章3 (1)］．それに対して集合行為問題では，集団の規模が決定的である．小規模で凝集性の高い集団では問題が生じにくく，大規模で凝集性の低い集団では問題が生じやすい．集合行為問題は，規範の有無や財の性質と関連して，集団の規模が原因となって，秩序問題や公共財問題に類似した社会的ジレンマが生じることを示している．

(3)　レントシーキング

　最後に，レントシーキングの問題がある．「レント」はもともと使用者が所有者に渡す使用料（地代）のことを意味しており，今でも「レンタル」と

いう言葉でお馴染みである．政治的文脈では，規制強化や規制緩和のような政府介入によって生じる団体にとっての特殊利益を指している．ただの特殊利益ではない．例えば，企業が独創的商品の開発によって得る超過利益は，新たに生み出す「利　潤」である（プラスサム的）．それに対してレントとは，政府介入を促すことで生まれる，他の主体が得られない利益である（ゼロサム的）．

　団体が，ロビイングなど様々な政治手段で特殊利益としてのレントを追求することをレントシーキングと呼ぶ（トリソン／コングレトン，2002）．企業による利潤追求とは異なり，団体によるレントシーキングは，必然的に別の団体にそのしわ寄せを与えるので，一団体が始めれば結局すべての団体がレントシーキングに精を出さざるをえないことになる．こうして，市場を舞台として利潤獲得競争が繰り広げられる代わりに，政府を舞台としてレント獲得競争が繰り広げられるのだ．

　レントシーキングの何が問題なのか．問題はそのゼロサム的性質にある．こうなると個々の団体政治は，資源の生産よりも分配に集中し，その結果全体としては非生産性が生じる．それは団体が享受しうるパイを何ら改善せず，それどころか減少させさえする．当人たちがどれだけ汗をかいても，利益を右から左に移転するだけでは，全体としてのパイの拡大には繋がらない．ロビイストを雇用したり政治家に献金したりするといった人的・経済的・時間的費用は，損あるいは得をする当事者からすれば死活問題かもしれないが，全体から見ればただの浪費である．

　レントシーキングの問題は，市場の失敗と同様に政府の失敗を憂慮しなければならないことを示している．規制強化や規制緩和のような政府介入は，市場の失敗への対処として必要とされる一方で，しばしばレントシーキングの対象となり，社会的損失を招いてしまう．しかも，こうした利益の移転は，前述の偏向的動員や集合行為問題と相まって，団体政治に有利な集団にとってはより有利に，不利な集団にとってはより不利に働く．もちろん，効率性のみが政府活動の評価基準であるわけではないが，少なくとも市場と同様に

政府にも失敗の余地があることは念頭に置くべきである．

　こうしてみると，団体政治は公共の利益から逸脱する，腐敗の一種にも見えるかもしれない（フィスマン／ゴールデン，2019：2章6節）．腐敗とは，公職者が公共の利益ではなく私的利益のために権力を用いることである［5章2（3）］．腐敗は典型的に，政治家個人の私腹を肥やすような場合に用いられるが，市民の団体活動もまた，特殊利益の追求により公共の利益を毀損しうる．団体が排他的利益を求めて政治家に献金したり集票したりすることは，政治家が私腹を肥やすために特定企業と懇意にすることと何が違うのか．この問題については次章の検討にもち越そう［12章3（3）］．

　本章で見てきたように，団体は選挙のほかに，市民がその声を集合的意思決定に反映させるための草の根的なチャンネルとして，政党と並んで重要な役割を担ってきた．近年は，団体政治そのものが衰退しつつあるとも指摘される．一方で，先進国は軒並み低成長時代に入り，限られた予算を分け合う集団間の利害対立はますます先鋭化している．他方で，脱工業化，グローバル化，非正規化のような社会・経済の変化は従来の団体活動の基盤をますます掘り崩している．市民と政治家が直に結合するポピュリズムの時代にあって，政党政治とともに団体政治の将来は民主主義の行方を大きく左右するだろう．

第12章
中央地方関係
―地域の声をどう汲みとるか―

1. 地方自治とは何か

(1) 団体自治と住民自治

日本では4年に1度，統一地方選の季節がやってきて，国政への中間評価とともにかなりの注目を集める．東京都や大阪府のような大きな自治体の首長選もまた，日本社会や日本経済への影響力から全国的な注目を集める．その一方で，自分が住む都道府県や市町村の地方政治について，普段見聞きする機会が少ないのも事実である．実際，地方議会選においては，選挙区の定数を超える候補者がいなかったとして，無投票で当選が決まる自治体が増えていることも問題視されている．本章では，このように私たちにとって近くて遠い，地方で営まれる政治に焦点を当てる．

現在の日本では，国レベル，広域自治体である都道府県レベル，基礎自治体である市町村・特別区レベルの3つの政治の位相がある（なお，政令指定都市に置かれる行政区には自治機能はない）．こうした重層的な関係のなかで，様々な公共サービスは，その性質に応じてこれらの位相のどこかに位置づけられる．例えば，同じ公共財であっても，国防は国，警察は都道府県，消防は市町村がその担い手となる．位相の規模や範囲が広くなれば画一的なサービスを提供できるし，逆に狭くなれば地域ごとの特色を出しやすくなる．

地方自治とは，地域住民が地方事務を自分たちの意思に基づいて所掌することである．日本国憲法に規定された「地方自治の本旨」（92条）には，団

体自治と住民自治の2側面がある（宮澤，1978：758-763）．一方で団体自治とは，自治体が地方事務を国から独立して所掌することで，中央政府に対する権力分立的側面を担っている．日本国憲法は，「地方公共団体は，その財産を管理し，事務を処理し，及び行政を執行する権能を有し，法律の範囲内で条例を制定することができる」と規定する（94条）．いわゆる三権分立観では汲みとれないが，地方自治は政治権力の抑制と均衡に寄与している．

　他方で住民自治とは，地域住民やその代表が意思決定を行うことで，地域住民に対する民主主義的側面を担っている．同じく日本国憲法の「地方公共団体の長，その議会の議員及び法律の定めるその他の吏員は，その地方公共団体の住民が，直接これを選挙する」との規定は，住民自治の意味を打ち出している（93条2項）．これと関連して，地方政治は国政よりも直接民主主義的要素を多く備えていることが指摘できる．例えば，個別の政策課題に対して住民自ら是非を投じる住民投票が実践されているし，町村では議会の代わりに住民自身で組織する総会を置くこともできる（地方自治法94条）．

　地方政府も政府の一種である以上，公共財・価値財の供給や再分配政策といった政府の役割を分有している．国政における立法権と執政権にあたる権限を担う統治機関が地方議会と首長（都道府県知事および市町村・特別区長）である．中央レベルで制定される法律や政省令などの法令に対して，地方レベルで地方議会は条例制定権，首長は規則制定権を有する．ちなみに，法令と同一の規制についてより厳しい内容を定める条例を上乗せ条例と呼び，法令で規制されていない事柄について規制を定める条例を横出し条例という．環境保全や情報公開など，ある自治体が先行して政策を打ち出し，それに追随して国の政策が進められる場合も少なくない．

　戦前の日本では，内務省が府県の知事や幹部職員に内務官僚を派遣する地方官官制が敷かれ，市町村に対して国政委任事務（のちの機関委任事務）を課すなど，強固な中央集権体制が敷かれていた．戦後の日本では，GHQの占領下で内務省の解体とともにこうした体制が改められた．その結果，1947年の新憲法の施行と同時に地方自治法が施行され，首長の直接公選化や行政

事務の地方移管などが実現した．現在でも，統一地方選挙が $1947 + 4n$ 年の
4 月に実施されるのはこの際の名残りである．

(2)　地方自治と公共の利益

　戦後日本の政治制度に強く影響を与えたのが，地方自治を重視するアメリ
カの政治的伝統である．団体政治の伝統とともに，地方自治の伝統もまた，
独立戦争後の建国の理念に遡る．ジェームズ・マディソンは党派的活動の抑
制方法として連邦制の採用を説き［11 章 1 (3)］，建国後もアレクサンダー・
ハミルトンらの集権論者とトマス・ジェファーソンらの分権論者のあいだで
その具体的な設計に関してせめぎ合いが続いていた．産業政策や財政政策，
通商政策も織り込んだ両者の対立は，のちに奴隷制の是非をめぐって国内を
分断する南北戦争の構図を形作っていく．

　同時に，独立後のアメリカはフロンティアを拡大させていった．西部の広
大な土地を次々に開拓し，移住するなかで，人々の生活を支えていたのは，
中央政府に頼らない自治的なタウンシップだった．教会や集会のような中間
団体を自発的に結成し，自ら意思決定を行うことで，アメリカには自ずと
「民主主義の学校」としての地方自治の伝統が根づいていったのである．（奴
隷制のもとだったが）男子普通選挙権が導入されたアンドリュー・ジャクソ
ン政権期の 1830 年代，渡米してその民主主義の実践を実見したのがフラン
スの思想家アレクシス・ド・トクヴィルである．

　フランス革命後も，ナポレオン帝政，王政復古，七月革命と目まぐるしく
変動していたフランスにあって，トクヴィルは，貴族出身でありながら，民
主主義と境遇の平等を不可避的な歴史の趨勢と捉えた．しかしフランスは，
この趨勢に適合する術を身につけておらず，革命と反革命のあいだを行き来
している．その一方で，同じく 18 世紀後半に市民革命を達成したアメリカ
には，この趨勢に適合する政治制度が定着している．政府調査を名目に渡米
したトクヴィルは，答えのひとつがアメリカの活発な地方自治の伝統である
ことに気づいた（トクヴィル，2005：1 部 5 章）．

民主主義には正負の側面がある．とりわけトクヴィルを悩ませたのが，民主主義の進展にともなう個人主義の蔓延である．個人主義は，社会に対する広い関心を失わせて自己閉塞を生み出し，独立と無力という相反する感覚を植えつけ，後見人のように振舞う専制権力の台頭を許してしまう．その一方で，タウンシップによる地方自治は，人々が身近な人々と身近な事柄について決定することで，私的利益の幅を広げ，洗練させていくための優れた機会である（ちなみに，ここでの「地方」は，州よりもさらに基礎的な単位を指している）．トクヴィルはこうした伝統のなかに，近代の個人主義が陥りがちな閉塞状況の突破口を見出した．

> 人を私事から引き離し国家全体の運命に関心をもたせるのは難しい．……だが自分の土地の端に道路を通さねばならぬとなれば，この小さな公共事業と自分の最大の私的事業との間に関連のあることは一目瞭然であり，そこでは私益が全体の利益と緊密につながっていることに，他人に言われるまでもなく気づくであろう．／市民の関心を公共の利益に向け，その実現のためには相互の絶えざる協力が必要であることを市民に理解させるには，だから，小さな事業の管理を委ねる方が，大きな事業の指導を任せるよりもはるかに役に立つ．（トクヴィル，2008：184）

しかしながら，中央地方関係として位相の重層性に目を移すと，次の問題も生じる――中央レベルと地方レベルの意思決定が食い違ったらどうするのだろうか．例えば，空港や原子力関連施設の建設などの国策事業が，地域住民の熱心な反対を受ける場合も考えられる．問題は，市民にとって「小さな事業」への関心と「大きな事業」への関心が継ぎ目なく連続しているとは限らないことである．本章では，こうした論点を交えながら中央政府と地方政府の関係に焦点を当てる（なお，地方政府間の関係も含めた政府間関係という概念も用いられるが，本章では中央地方関係に限定する）．

2.　権限から見た中央と地方

(1)　連邦制と単一制

　ここでは，政府全体をひとつの代理人として捉えよう．主権者である私たちは，ときに国民として中央政府と，ときに住民として地方政府と本人－代理人関係を取り結ぶ（木村，2010）．市民は同時に 2 つの政府に属し，選挙権はどちらにもあり，逆にどちらからも課税される．そこで，中央地方関係を見る際のひとつの視点は，中央政府と地方政府が，市民の代理人としてそれぞれどのような権限を有しているかである．市民生活の基礎として，はたして本人はどちらの代理人に，何をどれほど頼ることが適切だろうか．

　ひとつのキーワードは，補完性の原則，すなわち大きな単位の政治は，小さな単位の政治が効率的に果たせない機能だけを遂行するという原則である．この原則がはじめに注目されたのは，戦後に域内統合を推し進めたヨーロッパだった．ヨーロッパ地方自治憲章は，「公的な責務は，一般に，市民に最も身近な当局が優先的に遂行するものとする」と規定する（4 条 3 項，杉原他，2003：68）．日本においても，1999 年の地方自治法改正で，国の仕事は国家的に統一して行うべき事項に限定し，「住民に身近な行政はできる限り地方公共団体にゆだねること」が盛り込まれている（1 条の 2 第 2 項）．

　中央と地方のあいだの権限配分は，大別して連邦制と単一制に区別されてきた（図 12 - 1）．連邦制では，中央と地方の権限は対等である．中央政府は連邦政府と呼ばれ，典型的には外交や防衛など，地方政府が担えない業務を所掌する．アメリカの州が「ステイト」と呼ばれるように，独自の憲法や独自の軍隊を有する場合もあるなど，地方政府は国家と見まがうほどの機能を有している．もともと独立していた諸邦が，次に権限を一部移譲して中央政府を設立するという形式が連邦制の理念型である．ほかに，カナダ，ドイツなどがその典型である．

　本人－代理人関係に照らすと，複数の代理人は，本人の国民としての側面

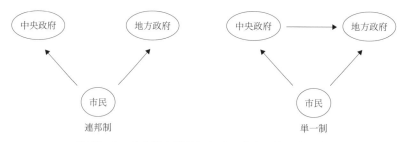

図 12 - 1　中央地方関係における本人 - 代理人関係

と住民としての側面に対応することで，それぞれ役割分担をはかる．大統領制における議会と大統領が並列関係にあり，ときに分割政府となるように，連邦制における中央政府と地方政府も並列関係にあり，ときに分割政府となる．ちなみに，日本でも道州制の導入論が長らく見られるが，その意味は，広域化にともなう行政事務の効率化から，中央から地方への権限移譲など，時代によって複数の文脈に位置づけられてきた．

　単一制では，中央と地方の権限は中央に偏っている．連邦制の場合とは逆に，地方政府は中央政府が権限を移譲することで成立するという形式が単一制の理念型である．中央政府と地方政府は別々の選挙を通じてそれぞれ民意を代表するが，そのあいだには地方政府が中央政府の意思によって左右される関係もある．例えば，立法権はあくまでも中央政府が保持し，地方政府は法律の範囲内で条例を制定することができる．地方政府は地域住民のみならず中央政府にも向き合いながら公共サービスを実施せざるをえない．フランス，イタリア，日本などがその典型である．

　本人 - 代理人関係に照らすと，複数の代理人のあいだで，さらなる委任関係が生じることになる．例えば戦後日本では，地方政府のなかで，住民のために自ら行う事務と並んで，中央政府が所管する事務を代わって行う機関委任事務が併存してきた．機関委任事務とは，内務省が地方を国の出先機関として位置づけていた戦前の名残りで，首長が「国の機関」として担当する事務であり，こうした事務に関しては地方議会の関与も認められていなかった．

機関委任事務は年々肥大化し，都道府県や市町村の独自の行政活動を圧迫してきた．

　一見すると，連邦制はより分権的，単一制はより集権的であるように見える．しかし，実態のより複雑な側面を捉えるためには，評価軸をさらに細分化する必要がある．政治学者・行政学者により様々な類型が提案されているが，そのなかでもよく知られているのが，天川モデルと呼ばれる融合‐分離を加えた評価軸である（天川，1985；1986）．第 1 に，決定の範囲をめぐる集権‐分権の軸がある．これは，各政府がどれだけの自律的意思決定の幅をもっているかを示している．第 2 に，政策の実施をめぐる融合‐分離の軸がある．これは，各政府が公共サービスを協働して行うか，別々に行うかを示している．

　戦前日本は内務省を中核とした集権的×融合的関係にあったが，戦後，アメリカ型の地方自治の導入により，地方政府の首長が直接選挙によって選出され，警察行政や教育行政なども地方に移管されるなど，分権的×融合的関係へと向けて変化していった．一見すると，戦後も依然として，中央政府が機関委任事務を通じて，地方政府を出先機関代わりに利用し続けているように見えるが，逆に見れば，融合的であるがゆえに地方政府が中央政府の政治的・経済的資源を当てにすることができるという持ちつ持たれつの側面もあったのである（村松，1988：2 章）．

（2）　中央と地方の対立

　とはいえ，いったんこの協調が対立に転じると，融合的な中央地方関係は一気に緊迫感を増す．主権者である市民が代理人に頼ろうとする場合，中央レベルと地方レベルで複数の政府が存在することもまた，地方政府にとって複数本人問題を生み出す原因となる．代理人としての地方政府は，本人としての住民および中央政府のどのような要求に対してどのように答えていけばよいだろうか．2 人の本人の意向が食い違った場合には，どのような調停の方法があるだろうか．

　一方で連邦制の場合，両政府の関係は対等であり，地方政府が中央政府の意向に抵抗することも珍しくない．権力分立の代償として，つねに中央地方間に対立の火種を抱えており，その場合には地域代表で構成される上院による調停が行われる．他方で単一制の場合，裁定権が中央政府に留保される．とりわけ機関委任事務は，委任後も国の事務の一部であり，自治体はその執行に際して国の指揮監督を受けるし，拒否・怠慢が生じた場合には職務執行命令を受けることになっていた．

　一例として，1995年に起きた沖縄代理署名訴訟を取り上げよう．同年，駐留中の米軍兵士が少女を暴行する事件が生じ，住民のあいだで反基地運動が高まった．同時に，容疑者の身柄引き渡しをめぐる日米地位協定の見直しに関して，国と沖縄県のあいだで溝が深まっていった．その後，米軍用地の強制使用に必要な代理署名を大田昌秀沖縄県知事が拒否し，国は代理署名が機関委任事務にあたるとして，沖縄県を相手に職務執行命令訴訟を起こす．この裁判では，日米安保体制に基づく米軍基地の存在は公共の利益に適うとして高裁と最高裁で国が勝訴した．

　最高裁判決は次のように述べている．

　　日米安全保障条約に基づく右義務を履行するために必要な土地等をすべて所有者との合意に基づき取得することができるとは限らない．これができない場合に，……これを強制的に使用し，又は収用することは，条約上の義務を履行するために必要であり，かつ，その合理性も認められるのであって，私有財産を公共のために用いることにほかならないものというべきである．（最大判平成8年8月28日）

　かりに日米安保体制と米軍基地の存在が国民全体にとって利益に適うとしてみよう．その場合，一部住民は国民全体のために犠牲にならなければならないということだ．「最大多数の最大幸福」を掲げる功利主義者であれば，〈総和型〉の公共の利益に資するとしてこの犠牲を受け入れるだろう［2章2

(3)]．しかし同時に，利益の総和を重視するなかでしばしば見落とされがちなことは，それがどのように分配されているかという点である．個人の権利の尊重が起点にあるならば，公用収用を通じて見込まれる社会的増加価値をどのように分割するかという問題もまた避けては通れない（エプステイン，2000：12 章）．

　米軍基地にともなう利益と負担はどのように分配されているだろうか．問題が生じた当時，在日米軍専用施設・区域の面積の約 75% が沖縄県に集中しており，その負担は他地域に比べて突出していた（防衛庁，1995：254）——また今も，状況に大した改善は見られていない．「私有財産を公共のために用いる」というが，それは利益の総和を正当化するものであっても，利益の分配を正当化するものではない．前述の判決でも同時に，「沖縄県に駐留軍基地が集中していることから生ずる深刻な問題があることについては，上告人が，沖縄県知事として，切々と意見を陳述して……いるところである」と指摘されている（補足意見）．

　日本ではその後，地方分権推進法（1995 年）から地方分権一括法（1999 年）に至り，中央地方間で大幅な権限移譲が実現した．その結果，当時 561 件に及んだ機関委任事務のうち，一部を廃止，一部を国に返上し，残りの事務を自治事務および法定受託事務に改変した．法定受託事務は法律の範囲内で国の仕事を自治体が処理する事務であり，地方議会が条例を制定して独自に関与することができる．是正の指示や代執行など，依然として国の関与がなくなったわけではないが，国地方係争処理委員会など，国と自治体が第三者機関に裁定を委ね，対等に向き合う可能性が開かれた．

3.　財政から見た中央と地方

(1)　地方財政

　次に，財政の観点から中央地方関係を見直してみよう．中央政府や地方政府が何らかの公共サービスを実施するためには，まずは先立つものが必要で

表 12 - 1　地方財政の特徴

	地方税	地方交付税	国庫支出金
財源の出所	自主財源	依存財源	
財源の使い道	一般財源		特定財源

ある．地方政府の財源には大別して，住民税・固定資産税・自動車税などの地方税，国税の一定割合を財源として交付される地方交付税，負担金・補助金・委託金などの国庫支出金の 3 つがある．財源の出所の観点では，地方税が地方の自主財源である一方で，地方交付税と国庫支出金は中央に依存する依存財源である．財源の使い道の観点では，地方税と地方交付税が使途を制限されない一般財源である一方で，国庫支出金は使途を制限される特定財源である（表 12 - 1）．

　権限と同様に財源の問題としても，地方政府は中央政府に依存せざるをえない関係が見てとれる．構造的には，この依存関係は，地方政府における収入と支出のアンバランスが原因である．一方で，地方政府の支出が少なければ，そもそも収入不足は問題にならない．他方で，地方政府の支出が多くても，それに見合った収入があれば，やはり収入不足は問題にならない．日本の地方政府は，他の単一国家と比べても珍しいほど支出が多く，その割には収入が少ないため，必然的に地方交付税や国庫支出金などの中央政府からの依存財源に頼らざるをえないのである．

　財源はいったん中央政府に集められてから，地方政府に還元される．それが地方政府における収入不足を生み出している．それでは，代理人同士で財源のやり取りを事後的に行うくらいなら，本人が代理人に財源を渡す際，それぞれの代理人の仕事量に見合った額を事前に調整すればよいのではないか．要するに，国税と地方税の比率をそれぞれの支出ベースに合わせるのである．しかし，ことはそう単純ではない．中央政府から地方政府への財政移転は，以下の 2 点で地方政府が固有に抱える脆弱性を補完する役割も担っているからである（佐藤，2009：6 章）．

　第 1 に，中央政府と地方政府のあいだの垂直的財政力格差がある．中央政府は財源確保の手段として，増税を選択することができる．もちろん，増税に対して不満をもつ国民もいるが，それを理由にして国外に移住するハードルは高い．それに引き換え，地方政府は財源確保の手段として，増税を選択しにくい．国内の地域間移動は海外移住に比べてはるかに容易であるため，地方政府が地方税を増税すれば住民は税額の低い地域に引っ越してしまうだろう．こうした中央と地方のあいだの財政力の格差を補う措置として，財政移転は地方政府の脆弱性を補完する役割を担う．

　第 2 に，地方政府間の水平的財政力格差がある．都道府県であれ市町村であれ，地方政府の財政基盤は領域面でも人口面でもまちまちである．ある地域は資源が豊富であるとか，観光が盛んであるとかの理由で産業が発達しやすいのに対して，別の地域は過疎化や少子高齢化に直面し，収入が乏しい割には多くの支出を必要とするかもしれない．一般的に，公共サービスには規模が大きい方が相対的に負担が軽くなる，いわゆる規模の経済が働く．こうした地方間の財政力の格差を補う措置として，財政移転は地方政府の脆弱性を補完する役割を担う．

　とはいえ，財政面での依存関係は，容易に権力面での優劣関係に繋がる．中央地方関係を財政面で見直す措置として，小泉純一郎政権下で「三位一体の改革」がなされた．この改革では，財源移譲により国税の割合を減らして地方税の割合を増やし，地方の自主財源を増やす一方で，依存財源である地方交付税の見直し，国庫支出金の削減が進められた．しかしその結果，財源の地方移譲は 3 兆円に留まった一方，地方交付税 5.1 兆円，国庫支出金 4.7 兆円が削減されたのである．三位一体の掛け声とは裏腹に，国の財政再建が優先され，地方が一層疲弊するかたちとなった．

　また，2009 年以降の民主党政権では，政権の 1 丁目 1 番地として「地域主権改革」が掲げられた．具体的には，特定財源である国庫支出金を一般財源である一括交付金へと衣替えするという内容である．同じ依存財源でも，その内容を是正することで地方政府の自由度を高める狙いがあった．ただし，

中央省庁からは異論反論も多かった．例えば，国庫支出金の多くは社会保障費に充てられるので，地方の自由裁量にも限界があるのではないか．あるいは，ナショナルミニマムを保証する観点から，文教費については地方の自由裁量には馴染まないのではないか．

(2) 利益誘導政治

　依存的な中央地方関係は，別の弊害も生み出した．地方政府は，地元からの要望や後押しを受けた有力な政治家に地域の声を中央政府内で代弁してもらうことで，財政移転を戦略的に利用することを企てるのである．逆に政治家も，補助金の配分を通じて選挙を有利に進めたり，自身の政治的得点を積み増したりすることを企てる（小林，1997：7章；土居，2000：3章）．その結果，政府を媒介して団体間で生じるレントシーキングと同じ状況が［11章3 (3)]，中央を媒介して地方間で繰り広げられることになる．こうした政治活動を利益誘導と呼ぶ（河野・岩崎，2004）．

　利益誘導政治は，住民が地元の特殊利益を期待して中央に政治家を送り出し，政治家が地元に特殊利益をもち帰ることで影響力を高めるという，それぞれの思惑が合致するところに生じる．その典型とも言えるのが，国政での対政党・対官僚への強大な影響力を背景に，地元新潟県に率先して新幹線や高速道路を通した田中角栄だろう．こうした利益誘導こそが，自民党長期政権の政治力の源泉であったとも指摘される（広瀬，1993）．1990年代前半の政治改革では，政党投票ではなく個人投票を獲得するための利益誘導を是正することが中心に据えられた［10章3 (1)]．

　ただし，利益誘導が政治家と住民にとって一挙両得の結果をもたらしているかについては異論もある．なぜなら，いったん地方が特殊利益を獲得してしまえば，住民は引き続きその政治家を支持する理由を失ってしまうからである．逆に，利益誘導を遅らせ，住民を焦らしておくことで，政治家は地元での影響力を保つことができる．同じ派閥に属して利権政治を重視した田中角栄の地元新潟県と，竹下登の地元島根県で，インフラがどのように整備さ

れた／されなかったか，またその後住民がどの程度自民党への支持を続けているかを比較すると，利益誘導のもつ逆理的な性質も浮かび上がる（斉藤，2010：6 章）．

（3）　利益誘導と腐敗

　はたして利益誘導政治は公共の利益に適うのか．利益誘導によって，一部の特殊利益が過大に反映され，最適資源配分をもたらす効率的な供給水準を上回る結果，全体としては社会的費用が便益を超過しやすい（佐藤，2009：6 章 4 節）．実際，地方財政学では，財源の出所が地方にないことが財政負担感を低下させ，結果的に過大な財政支出要求に繋がる現象（財政錯覚と呼ばれる）が地方財政規律を歪めてきたとも指摘されている（佐藤，2009：6 章 2 節）．社会全体から見れば，不必要な資金が不必要な地域に過剰に投下される．この意味で，利益誘導政治は公共の利益を損なう行為である．

　それでは，利益誘導は腐敗と同様の不正であると断言してよいだろうか．一方で，票と引き換えに金を配ることは買収罪にあたり，典型的な腐敗として厳しく罰せられる．票の売買がほとんどの民主主義社会で違法であることは，選挙が市場取引とは決定的に異なることを示唆している．他方で，政治家が利益誘導を選挙公約として票を集めることは違法ではない．政治改革以前の中選挙区制下で生じた利益誘導は，「政治とカネ」問題の象徴として批判を集めたが，少なくともそれが，失職・逮捕に直結する違法案件でなかったことは事実である．

　この問いに対する考え方は，公共の利益の理解による．〈総和説〉の観点からは，利益誘導が資源配分の非効率性を生み出すのであれば積極的に取り締まるべきだということになるだろう．しかしながら，政府の存在意義は効率性にのみあるわけではない．公共の利益の〈独立説〉の観点からは，政府の役割は公共財の供給のみならず，市民の私的利益はさておき，社会的価値を増進させる価値財の供給も含むのである．例えば，田園風景や地場産業を保護するために，国が一部地域に手厚く投資することは，消滅寸前の伝統芸

能を補助金で手厚く保護することと同様に支持されうる．

　また，そもそも公共の利益の懐疑論に立つならば，利益誘導は民主主義の正当な一部分として位置づけられる．多元主義者が想定するように，政治の実像は巨大な利益配分の過程にすぎないかもしれない［11 章 2 (2)］．団体と同様にどの地方も，政治参加を通じて特殊利益を得ようとしているのである．政治学者のロバート・ダールによれば，「雑な意味ではあるが，あらゆる競合政治のもつ本質というのは，政治家によって選挙民を買収することである」（ダール，1970：135）．このように，利益誘導が腐敗と同様の不正だと言えるかどうかは，公共の利益の特定の理解とも関連している．

　中央政府も地方政府も，どちらももとを正せば究極の本人である市民の代理人である．そこで，両政府の連携をとるためのパイプ役になることが，それぞれを構成する代理人の役目になる．例えば，国会議員が「金帰月来」「金帰火来」で開会中も地元に密着したり，自治体が東京事務所を構えて情報収集や PR に当たったりする．しかしながら，本章で見てきたように，中央にとっての公共の利益と，地方にとってのそれがつねに調和的とは限らない．主権者がそもそも併せもつ，国民あるいは住民としての複数の視点が交差するなかで，どのように標準を合わせるかが中央地方関係では問われているのだ．

第13章
国際関係
―各国が自国第一なのは当然か―

1. 国際関係とは何か

(1) 国内社会と国際社会

　毎日の報道で海外ニュースを聞かない日はない．アメリカ大統領が通商問題について発言した，ヨーロッパ諸国の閣僚が難民対応で会合した，日本の首相が国外で会談を行った，等々．前章の中央地方関係になぞらえれば，私たちが関わる政治は国の内部で位相を異にする重層関係にあるように，国の外部で位相を異にする重層関係にある．そこで次の問題は，国の外部に広がる国際社会にはいったいどのような政治があるのかということである．

　国際社会は，その名のとおり国家と国家のあいだに生まれる．国際社会を構成する国家の形式的な定義は，国民・領土・主権を有していることである．例えば国内の少数民族が集団で集住していたとしても，主権をもたないかぎり国家として承認されるわけではない．主権には対内的最高性と対外的独立性という2側面がある［4章1（2）］．現在の国際社会は，各国家がそれぞれ主権を有し，それを相互に承認する主権国家体制を基本としている．国内社会では自分に並ぶ存在を決して許さない主権者が，国際社会では複数併存している点が，2つの社会を構造的に隔てる違いである．

　これは重大な意味をもっている．国際社会が主権国家によって構成されるということは，それが「無政府状態」であるということだ．この点で，国際社会の国家が置かれた条件は，国内社会の個人が置かれた条件とは決定的に

異なる．私たちが国内社会で身の安全を保証された暮らしを送ることができるのは，暴漢に対して警察を呼び，司法の裁きを下すことができるという政府の後ろ盾があるからだ．それとは対照的に，国際社会に世界政府は存在しないし，その見込みもない．この意味で国際社会とは，社会契約論で政府が設立される以前の自然状態そのものであるように見える［3章2(1)］．

　社会契約論の筋書きをもう少し辿ってみよう．自然状態における個人が無制限の自由をもつように，国際社会における国家も無制限の自由をもつ．こうした状況で，国家が国益の最大化を目的として行動するならば，「万国の万国に対する闘争」が生じるだろう．ここから国内社会では，個人は政府の設立へと向かうが，国際社会で同じ筋書きは通用しない．なぜなら，国家がその主権を譲渡して，より上位の世界政府を設立することは，主権の定義上ありえないからである．それゆえ，社会契約論者トマス・ホッブズの見立ては悲観的である——国内社会の個人とは異なり，「相互に依存しない諸国家……は永遠の戦争状態のなかに生活している」（ホッブズ，1992：92）．

　ホッブズの想定を単純化すると，以下のようになる．

P1'　世界政府の存在しない自然状態において，各国は無制限の自由をもつ

P2'　各国は国益の最大化を目的として合理的な手段を用いる（合理性仮定）

P3'　各国にとっては相手を裏切ることが合理的である

C　　自然状態は戦争状態に陥る

(2)　国際関係と公共の利益

以上のような国際社会の構造的条件を踏まえると，全体の奉仕者として公共の利益のために勤務するという公職者の職業倫理は対外的にどのような意味をもつだろうか［1章3］．国家を主要な政治主体と捉える国際社会にあって，それぞれの国家はそれぞれの市民を本人とする代理人という位置づけに

なる．そこから，公共の利益に関して国境を隔てて一種の反転が生じる．すなわち，国内社会では公共の利益を追求することが，国際社会では一転して国益という名の私的利益を追求することに繋がるのだ．

ともすればこれは，他国や他国民に対する無責任な態度に見えるかもしれない．しかしながら，倫理がつねに不偏不党でなければならないというわけではない．例えば親が子どもに示す配慮や，教師が生徒に示す配慮など，特別の関係性に基づいて生じる義務は日常的に存在する．親がわが子の養育を放棄したり，教師が生徒の危険を放置したりして見知らぬ他人を最優先に考えるならば，それこそ倫理にもとるだろう．政治の世界でも，同様の偏向的配慮が本人 - 代理人関係を通じて生じる（Matsumoto, 2020: 1095-1099）．

ホッブズは主権者の職務を次のように要約している．

> 主権者の職務（オフィス）は，（それが君主であれ合議体であれ）かれがそのために主権者権力を信託されたところの，目標に存する．それはすなわち，人民の安全の達成であって，かれは，自然の法によってそれへ義務づけられ……る．（ホッブズ，1992：259）

原典のラテン語版からも確認できるように（Hobbes, 1676: 157），「人民の安全」という表現のもとになっているのは，公共の福祉の由来ともなった，「国民の安全が最高の法律でなければならない」という古代ローマの法諺である［2章1（1）］．市民の信託を受けた政府は，主権的権力の維持を至上目的として，自然状態において個人がもつ無制限の自由と同様の自然権を対外的にもっている．ここでホッブズは，国内社会における公共の利益の追求が，国際社会では一転して国益の追求を意味することになると暗示しているのだ．

しかしながら，今日の社会で，国内と国外をこのように対照的に描き出せるかどうかは定かでない．私たちは貿易や往来を通じてつねに外国と結びついており，それは自国内の関係を凌駕しうる．主権国家とグローバル化が併存する現在の国際社会では，貿易摩擦や感染症問題などが象徴するように，

「人民の安全」それ自体が世界規模で複雑化している．国内社会が国際社会と密接不可分の関係にあるなかで，公共の利益が何を意味しており，どのように実現されうるかがあらためて問われているのだ．本章では，こうした観点から国際関係における政治のあり方を考察してみたい．

2. 対立か協調か

(1) 国際社会の秩序

前節で述べたように，国際社会の構造的特徴は，それが無政府状態だということである．社会契約論において自然状態は純粋な仮定だったが，ここではそれが恒常的な現実として存在している．ホッブズの見立てでは，自然状態は闘争の可能性も含めた不断の戦争状態にある．しかしながら実際には，それが人々を一致団結して世界政府の設立に向かわせるほど，「孤独でまずしく，つらく残忍でみじかい」わけではない．国際社会は，無政府状態でありながらも，国内社会とは似て非なるかたちで一定の秩序を形成・維持しているのである（ブル，2000）．

どのようにしてか．ひとつのシナリオとして，国内社会において各人の私的利益が調和するように，市場メカニズムを通じて，各国の国益が「みえない手」を通じて調和する，一種のパレート原理の成立を期待することができるかもしれない［3章2 (2)］．この場合，各国の国益の追求は各国の思惑を超えて自動的に調 和に至る．アダム・スミスに代表される市場経済論は，国際社会においても市場メカニズムを通じた調和的関係が成立しうると想定する．その典型が，デイヴィッド・リカードが唱えた比較優位論である（リカードウ，1987：7章）．

しかしながら，国内社会と同様に国際社会においても，このような自然的調和が成立するとは限らない．なぜなら，前提となる市場メカニズムが，国際社会にも存在しているとは限らないからである．市場が安定的に機能するためには，詐欺を取り締まるとか，情報を公開するとかといった条件整備が

必要になる．こうした市場を機能させるための諸条件は，それ自体市場取引で供給するわけにはいかない一種の公共財である（ダスグプタ，2008：104）．公共財の供給が政府の仕事であるように，市場経済論はそれ自体，無政府状態ではなく一定の有政府状態を前提にしている．

　ところが，前述のとおり，国際社会は構造的にこの前提が失われたところから話が始まっている．こうした問題に直面して，国内社会とは異なる条件のもとでいかに国際社会の秩序を形成・維持できるかに取り組もうとするのが国際関係論である．従来の国際関係論では，対^{ディスコード}立の側面に注目するリアリズムと，協^{コオペレーション}調の側面に注目するリベラリズムという対照的な理論がそれぞれ発展してきた．本節では，これら2つの代表的な理論を参照しながら，無政府状態における秩序形成・維持の可能性を探ってみたい（なお，以下で見るのは，国際関係論におけるネオリアリズムとネオリベラリズムに限られる）．

(2)　リアリズムとリベラリズム

　リアリストは基本的にホッブズの見立てに忠実であり，国際社会における協調の可能性に対して悲観的である（ウォルツ，2010）．リアリズムの想定によると，各国は国益をめぐって対立する．その理由は，裏切りが合理的となる囚人のジレンマ状況を解決できないからである．それゆえ国際社会では，自然状態における個人と同様に，生存が基本的問題にならざるをえない．こうして，ホッブズと同様の推論から，「自然状態は戦争状態に陥る」（C）との結論に至る．無政府状態では各国が自らの生存を最優先せざるをえないため，国際関係は国防や安全保障など，ハイポリティクスを中心に展開されることになる．

　しかし，各国が自由に戦争を準備していったら，世界はジャングルのような「食うか食われるか」の無秩序状態に陥ってしまうのではないか．そうとも限らない．なぜなら，各国が自ら反撃の力を備えるようになれば，どの国も他国に容易に手出しできなくなるからである．結果として紛争は生じない．

表13-1　絶対利得ゲーム

	b：協力		b：裏切り	
a：協力 a：裏切り	a：1の利得 a：2の利得	b：1の利得 b：1の損失	a：1の損失 a：0の利得	b：2の利得 b：0の利得

武器は作られ，準備されるが，使われない．この両すくみ状態こそが，リアリストが言うところの平和である．こうしたパワーに基づく秩序原理は勢力均衡と呼ばれる．均衡の種類には大別して，大戦以前のヨーロッパに見られた多極システムと，米ソ冷戦期に見られた2極システムがある．

　これに対して，リベラリストは楽観的な見通しを立てている（コヘイン，1998）．リベラリズムの想定によると，たとえ世界政府が存在しなくても，各国は国益をめぐって協調する．国際社会は無政府状態という意味で自然状態であるが，必ずしも戦争状態に陥るわけではない．戦争状態はどの国にとっても都合が悪いため，その状態を終わらせることはどの国にとっても利益になる．具体的には，ホッブズの推論のうち，「各国にとっては相手を裏切ることが合理的である」（P3'）との前提を修正することで，関係国間で一定の国際協調が達成される．その結果，国際関係は経済や貿易など，ローポリティクスを中心に展開されることになる．

　a国とb国の2国間で，自由貿易の推進を妥結した場合を考えよう（表13-1）．表内の数字は相手と協力するか，それとも相手を裏切るかによって両国がそれぞれ得る経済的利得を示している．両国が妥結どおりに自由貿易を推進すれば，aもbも1の利得を得る．ところが，相手には自由貿易を呑ませて，自分は抜け駆けをすれば，抜け駆けした方は2の利得を得，抜け駆けされた方は1の損失を被る．自由貿易の推進に失敗すれば，aもbも利得を得られない．囚人のジレンマ状況と同様の推論を働かせれば，国際対立（裏切り×裏切り）が支配戦略となるが，これはパレート劣位——すなわち，パレート改善の余地がある——の結果である［3章3（1）］．

　ただし，通商関係は1度限りではない．いったん抜け駆けをすれば，国際的な信頼関係は損なわれ，相手国からの協力は到底望めなくなるだろう．そ

こで各国は,「将来の影」を見通して協力に一致した利益を見出すようになる.これが,繰り返しゲームにおける協調戦略である（アクセルロッド, 1998：1章；テーラー, 1995：3章）.一般的に,将来にわたって社会関係が持続することが期待され,自分が裏切らないかぎり相手も裏切らないことが期待される場合,互いが将来にわたる協力によって持続的に得ることのできる利得を重視して,パレート最適——すなわち,それ以上パレート改善の余地がない——を導く選択（協力×協力）が自発的に得られうる（コヘイン, 1998：5章）.

　確かに,こうした見立てはまだ楽観的である.例えば,何が協力で何が裏切りかという国際協調に関する両国の認識が一致するとは限らない.また,現実の国際関係は当然ながら2国間だけの問題ではなく,多国間の複雑な駆け引きのもとにある.そこで,こうした障害に対処すべく,取引費用や不確実性を軽減させる存在としての国際レジームが役割を発揮する.例えば,WTO（世界貿易機構）のもとで貿易交渉を推し進めたり,違反した場合には提訴したりすることで,各国は相互に,裏切りの可能性を低め,協力の可能性を高めることができる（コヘイン, 1998：6章）.

（3）　絶対利得と相対利得

　このように,国際社会の趨勢を対立的と見るか協調的と見るかをめぐって,リアリストとリベラリストのあいだには大きな溝がある.同じ国際社会を分析対象としながらも,なぜ両者はこのように対照的な結論に至るのだろうか.リベラリズムが国際協調を導くときに,その根拠になっているのは,協調によって各国が得る絶対利得である.絶対利得は,他の主体がどのような利得を得るかにかかわらず,現状との比較で自分がどのように変化するかを基準とする.想定では,国際協調によってパレート最適に達し,利益が対称的に生じるため,だれも損しない（プラスサム的）.

　それに対して,リアリズムは分配の非対称性に注目し,相対利得を重視する.相対利得の観点では,誰かが得をすればつねにその分だけほかの誰かが

表13‐2　相対利得ゲーム

	b：協力		*b*：裏切り	
a：協力 *a*：裏切り	*a*：0の利得 *a*：3の利得	*b*：0の利得 *b*：3の損失	*a*：3の損失 *a*：0の利得	*b*：3の利得 *b*：0の利得

損をする（ゼロサム的）．たとえ絶対利得上でウィンウィンの結果になったとしても，そこから各国が得る相対利得には大きな違いが生じうる．例えば，自由貿易の推進は先進国にとってより多くの果実を生み，途上国にとってほんのわずかの果実しか生まないかもしれない．この場合，国際協調によって相対的な国力の差は一層拡大しうるわけである．こうした理由から，各国が相互利益を求めて協力するという見通しはなお楽観的すぎる．

　先ほどの自由貿易の推進に関する利得表を振り返ってみよう．そこで比較対象となったのは，あくまでも両国が得る絶対利得である．その一方で，相対利得を重視するならば，相手国の経済的損得は同じだけ自国の損得にも算入される．例えば，*a* が 1 の利得を得るなかで *b* も同様に 1 の利得を得れば，*a* の相対利得は 0 になる．*a* が 2 の利得を得るなかで *b* が 1 の損失を被れば，*a* の相対利得は 3 になる．このように，自国の損得に相手国の損得を加味した相対利得を新たに意思決定の基準としてみよう．すると，表13-1 で示した両国の利得表は表13‐2 のように変化する．

　各シナリオによって *a* と *b* が得る利得や被る損失はそれぞれ異なるが，いずれにしても両国の損得を差し引きした総和は 0 になる．いずれか一方が利得を得れば，他方は同じだけ損失を被るため，相対利得の観点からは双方の立場を同時に改善するパレート優位の選択肢は存在しない．この利得表においては，国際対立（裏切り×裏切り）が *a* と *b* の双方にとっての支配戦略となるが，相対利得は変わらないため，それを国際協調（協力×協力）に向ける動機は生まれないのである．相対利得は，様々なゲーム状況を裏切りが支配戦略となる囚人のジレンマに変えてしまう（Snidal, 1991: 704-710）．

　そこで，論争の焦点のひとつは，国際社会を構成する諸国家にとって，絶対利得と相対利得のどちらがより重視されるかである．形式的に表すと，以

下のようになる（Grieco, 1988: 495-503）．

$$U = V - k(W - V)$$

ここで，U は国益を，V は自国の絶対利得を，W は相手国の絶対利得を，k は相対利得に対する感度係数を意味する．k が小さくなれば，国益に占める絶対利得の重要性が増し（$k = 0$ であれば $U = V$），逆に k が大きくなれば，国益に占める相対利得の重要性が増す．一方でリベラリストは，k を小さく捉え，相対利得の追求は位　置　財（地位財）——すなわち，財の相対的所有がその絶対的価値に影響を与えるような財——の追求のような限定的局面に留まると考えるが（コヘイン，1998：2 章 3 節，4 章 1 節），他方でリアリストは，k を大きく捉え，国家はつねに相対的地位を基準に行動すると考える（ウォルツ，2010：6 章 1 節 2）．

3.　国際関係の変容

(1)　国益と国際公益

前節では，無政府状態としての国際社会における秩序形成・維持の可能性に関して，リアリズムとリベラリズムが対照的な議論を展開していることを見てきた．突き詰めると，両者の違いは，「各国にとっては相手を裏切ることが合理的である」（P3'）という前提の評価にあるといえる．リアリズムは相対利得の観点からこの前提を是とし，リベラリズムは絶対利得の観点からこの前提を非とする．とはいえ，P1'，P2' の前提は両者とも共有しているので，大きな議論の枠組みは重なっていることもわかるだろう．

ところで，こうした理論が展開された時期と比べても，今日の国際社会は大きく変化している．この変化をもたらしているのは，生産手段（ヒト・モノ・カネ）に加えて，情報のボーダーレス化が進むグローバル化である．とりわけ，米ソ冷戦が終結した 1990 年代以降，交通・通信の発達により経済活動が世界大に広域化し，多国籍企業が伸長しているとともに，意識や情報

の共有により国際NGO（非政府組織）や国際メディアも拡大している．こうした変化の裏面で，これまで国際社会の主要主体であった国家の地位は相対的に低下していると言われるようになった．

　その一方で，グローバル化による世界の一体化は同時にリスクの一体化もともなっている．グローバルな経済活動の活発化は地球環境問題の一因となっている．人員や物資が容易に移動することは兵器の拡散や国際犯罪の余地を広げている．さらに，世界の1カ所で生じた感染症が瞬く間に全世界に広がるパンデミックの危険性も高まっている．従来の国際社会観における各国の利益はまずもって国家安全保障だったが，グローバル化とともに，経済・健康・文化・環境など，多様な側面を包含するようになっている．

　このように，国益の前提である「自国」そのものが相対化されていくなかで，一国単位の行動原理をどこまで維持するかが問われている．グローバル化によって相互依存を深めると同時に，グローバルリスクに共同で対処するなかで，各国が自国の利益と他国の利益を切り離すことは困難である．その結果，一国単位の損得勘定を超えた利益の観念が，認識上も実践上も必要とされている．これらの国際課題に取り組むことは，「私たち皆のもの」という意味での公共性を帯びている［2章1（2）］．ここではそれを，国益と区別して国際公益と呼んでおこう．

　国際公益の比重の増大はどのような認識の転換を迫っているだろうか．そもそも国際社会が抱える構造的困難は，無政府状態という条件のもと（P1'），各国が国益の最大化を求める結果（P2'），各国にとって望ましくない状態が生じてしまう（C）という点にあった．逆に言えば，P1'あるいはP2'に変化が生じることによって，既存の国際関係の論理は大きく様変わりしうる．以下では，P3'という前提の評価を焦点としてきたリアリズム−リベラリズム論争とは異なる角度から，とりわけ近年の国際関係の変容を捉えようとする学説を概観してみよう．

(2)　コンストラクティヴィズム

　リアリズム‒リベラリズム論争は，ひとつの共通点に立脚していた．すなわち，「各国は国益の最大化を目的として合理的な手段を用いる」という合理性仮定（P2'）を置いていたことである（ウォルツ，2010：5章；コヘイン，1998：2章）．しかしながら，こうした仮定は必ずしも国際社会の現実を捉えていない．実際，国家はときに自らの国益を犠牲にしながらも，国際社会全体の利益を追求しているという見方は，国際社会の歩みのなかでもしばしば確認されてきた．

　一例を挙げよう．戦後の国際社会は，国連人間環境会議（1972年），国連環境開発会議（1992年）を経て，地球環境保全のための様々な国際的取り組みを紆余曲折を経ながらも実現してきた．とりわけ，海抜上昇や異常気象などの大規模な気候変動問題については，気候変動枠組条約に基づき多国間交渉が進められ，先進国を中心に温室効果ガスの排出量を規制する京都議定書（1997年）が採択された．こうした取り組みは，国内産業にはマイナスだとして批判も集めやすい．しかし同時に，国際公益のひとつである地球環境保全に向けて，各国は長期的視点から協力を実現させたのである．

　国際関係論分野でも，1990年代以降，コンストラクティヴィズムと呼ばれる第3極が生まれている（大矢根，2013）．その中心的主張は，国家行動を規定し，国際関係を支えているのは，観念やイメージであるというものだ．政治主体が――対立的だとか協調的だとかの――特定の行動をとることを説明する要素としては，合理的選択学派で重視される「利益」のほかに，「制度」と「アイディア」が注目されてきた［2章3 (3)］．国益の中心性を強調するリアリズムは利益の観点を重視し，国際レジームの役割に注目するリベラリズムは利益の観点に制度を加味する考え方だと言えるだろう．コンストラクティヴィズムは，これらの学説に対してアイディアの役割を相対的に重視する．

　もし国家行動にとって，政治主体が抱く観念やイメージが決定的なのだとすれば，無政府状態を特徴とする国際社会が対立的か協調的かも，結局私た

ちがそれをどのように観念するかという認識によって左右される．例えば各国は，敵対的文化のもとにあれば対立的に行動し，協力的文化のもとにあれば協調的に行動する．観念やイメージは捉え方次第で変化しうるものであるかもしれない．国際政治学者のアレクサンダー・ウェントは次のように言う——「国家はエゴイストの時もあればそうでない時もあり，そしてこの変動がアナーキーの『論理』を変化させうるのである」（ウェント，2002：311）．

　もちろん，こうした見通しがまだ楽観的であることは否めない．近年では，「○○ファースト」を掲げ，自国民と他国民を区別し，保護貿易に走ったり，移民排斥を掲げたりする自国第一主義が目立っている．アメリカのバラク・オバマ大統領は任期終了前に，気候変動問題に対する新たな国際的取り組みとして，途上国も含めて温室効果ガスの排出量を規制するパリ協定（2015年）への参加を決断した．しかし，翌年にドナルド・トランプ大統領が就任すると，国内産業に損害を与え，国益に反するとして，アメリカは間もなく同協定から離脱したのである．国益と国際公益は今後も国家行動を規定する2要素であり続けるだろう．

(3)　グローバルガバナンス

　さらには，こうした国際協調の進展と相まって，「世界政府の存在しない自然状態において，各国は無制限の自由をもつ」という無政府状態の条件（P1'）それ自体が変容しつつあると言えるかもしれない．もし無政府状態がある程度修正されれば，ホッブズの見立てとは異なり，国内社会と同様の秩序形成・維持が国際社会でも可能になるかもしれないのである．こうした見立ては，以下に挙げるような国際社会の新たな動向を念頭に置きながら，現在「政府なき統治」，すなわちグローバルガバナンスの標語のもとに論じられている（渡辺・土山，2001）．

　第1に，国際法の進展により，国際的な法の支配の素地が培われている．国家の共同意思を基礎とする国際法は，法の一般原則に加えて条約と慣習法からなり（国際司法裁判所規程38条），判決や学説も法源の一部となってそ

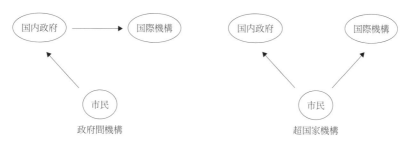

図 13 - 1　国際関係における本人 - 代理人関係

の厚みを増している．同時に，国際法間の相互関係をめぐり，「強行規範^{ユスコーゲンス}」のように，それらを並列的というよりも階層的に秩序立てる試みも進んでいる（ウィーン条約法条約53条）．国際法を実効化するための国際司法裁判所や国際刑事裁判所などの司法機関も存在している．

　第2に，国際法の進展とともに，総会・理事会・事務局といった意思決定の仕組みを備え，国内社会の政府に類似した機能を果たす国際機構が国際社会にも根づいている．戦後に生まれた国連は，主権国家が構成員となる政府間機構の代表例である．この場合，市民は自分の代理人である国内政府を経由して，さらなる代理人である国際機構と間接的に関係することになる．ほかにも，ASEAN（東南アジア諸国連合），APEC（アジア太平洋経済協力），AU（アフリカ連合）などの地域機構が発達している．

　第3に，一部の国際機関は個人が国内政府を経由せずに直接構成員となる超国家機構の側面ももっている．経済統合から政治統合へと進んだ EU は，加盟国市民が1票を投じる独自の議会を有し，通貨政策や通商政策，移民・難民政策など，従来の主権国家がもっていた権限も担っている．超国家機構に沿ったかたちで市民と国内政府，国際機構の関係を想定すれば，図13 - 1のように，中央地方関係における連邦制に類似した本人 - 代理人関係を描き出すことができるだろう［12章2（1）］．

　こうした制度的基盤に加えて，多国籍企業，国際 NGO，国際メディアによる世界的な活動が，各国の国境に風穴を開けている．もちろん，具体的な

行動のための人的・物的資源を備えた国際社会の第一義的な主体が国家であることには変わりない．要点は，公式の世界政府が存在しなくとも，各国が無制限の自由をもつ無政府状態を克服することができるかもしれないということだ．以上のような，多様な国家主体・非国家主体の活動が織りなす「政府なき統治」の総体を指して，グローバルガバナンスと呼ばれるのだ（グローバル・ガバナンス委員会，1995：1章）．

　確かに，国際関係がここ数十年で決定的に変容したと言い切るのは早計である．ホッブズが生きた 17 世紀と現在を比較したときの国内社会の目を見張るような変化の度合いに比べると，国際社会の顕著な特徴はその持続性である．4 半世紀単位では大きな変化と見えるものが，1 世紀単位ではひとつの循環のなかに収まっていくかもしれない．本章で紹介した様々な学説が示す国際関係観は一様ではなく，見方によって恒常的であったり変転的であったりする．国際社会を構成する私たちとは誰なのか，私たちの利益とは何なのか，依然として開かれた問いであると言えよう．

引用・参考文献

序章　政治学をどう学ぶか
浅古泰史（2018）『ゲーム理論で考える政治学――フォーマルモデル入門』有斐閣．
アリストテレス（2001）『政治学』牛田徳子訳，京都大学学術出版会．
伊藤光利・田中愛治・真渕勝（2000）『政治過程論』有斐閣．
大嶽秀夫・鴨武彦・曽根泰教（1996）『政治学』有斐閣．
砂原庸介・稗田健志・多湖淳（2020）『政治学の第一歩　新版』有斐閣．
建林正彦・曽我謙悟・待鳥聡史（2008）『比較政治制度論』有斐閣．
富永健一（1995）『社会学講義――人と社会の学』中公新書．
プラトン（1979）『国家　上下』藤沢令夫訳，岩波文庫．

第1章　政治とは何か：集団による意思決定
赤林朗編（2017）『入門・医療倫理Ⅰ　改訂版』勁草書房．
アリストテレス（2001）『政治学』牛田徳子訳，京都大学学術出版会．
アレント，ハンナ（1994）『人間の条件』志水速雄訳，ちくま学芸文庫．
川崎修・杉田敦編（2012）『現代政治理論　新版』有斐閣．
菊澤研宗（2016）『組織の経済学入門――新制度派経済学アプローチ　改訂版』有斐閣．
久米郁男・川出良枝・古城佳子・田中愛治・真渕勝（2011）『政治学　補訂版』有斐閣．
小島武司・田中成明・伊藤眞・加藤新太郎編（2006）『法曹倫理　第2版』有斐閣．
佐々木毅（2012）『政治学講義　第2版』東京大学出版会．
自由民主党（2013）『日本国憲法改正草案 Q&A 増補版』自由民主党憲法改正推進本部．
新川敏光・大西裕・大矢根聡・田村哲樹（2017）『政治学』有斐閣．
デュヴェルジェ，モーリス（1967）『政治学入門』横田地弘訳，みすず書房．
成沢光（2012）『政治のことば――意味の歴史をめぐって』講談社学術文庫．
長谷部恭男（2018）『憲法　第7版』新世社．
フーコー，ミシェル（2006）「統治性」『フーコー・コレクション 6――生政治・統治』
　　小林康夫・石田英敬・松浦寿輝編，ちくま学芸文庫，238-277 頁．
丸山眞男（1996）「政事の構造――政治意識の執拗低音」『丸山眞男集 12』岩波書店，
　　205-239 頁．

宮澤俊義／芦部信喜補訂（1978）『全訂 日本国憲法』日本評論社.

ルーマン, ニクラス（1990）『信頼——社会的な複雑性の縮減メカニズム』大庭健・正村俊之訳, 勁草書房.

McCubbins, Mathew D. and Thomas Schwartz（1984）. "Congressional Oversight Overlooked: Police Patrols versus Fire Alarms." *American Journal of Political Science* 28/1: 165-179.

第2章 公共の利益：奉仕する全体はどこにあるか

アリストテレス（2001）『政治学』牛田徳子訳, 京都大学学術出版会.

依田高典（2010）『行動経済学——感情に揺れる経済心理』中公新書.

小田中直樹（2010）『ライブ・合理的選択論——投票行動のパラドクスから考える』勁草書房.

小野耕二編（2009）『構成主義的政治理論と比較政治』ミネルヴァ書房.

キケロー（1999a）「国家について」『キケロー選集 8』岡道男訳, 岩波書店, 1-175 頁.

キケロー（1999b）「法律について」『キケロー選集 8』岡道男訳, 岩波書店, 177-307 頁.

キケロー（1999c）「義務について」『キケロー選集 9』髙橋宏幸訳, 岩波書店, 125-352 頁.

齋藤純一（2000）『公共性』岩波書店.

スミス, アダム（2000）『国富論 2』水田洋監訳, 杉山忠平訳, 岩波文庫.

セン, アマルティア（1989）『合理的な愚か者——経済学＝倫理学的探究』大庭健・川本隆史訳, 勁草書房.

ダウンズ, アンソニー（1975）『官僚制の解剖——官僚と官僚機構の行動様式』渡辺保男訳, サイマル出版会.

ダウンズ, アンソニー（1980）『民主主義の経済理論』古田精司監訳, 成文堂.

瀧澤弘和（2018）『現代経済学——ゲーム理論・行動経済学・制度論』中公新書.

デューイ, ジョン（2014）『公衆とその諸問題——現代政治の基礎』阿部齊訳, ちくま学芸文庫.

ハロッド, R.F.（1967）『ケインズ伝 改訳版 上』塩野谷九十九訳, 東洋経済新報社.

ヒューム, デイヴィッド（2012）『人間本性論 3——道徳について』伊勢俊彦・石川徹・中釜浩一訳, 法政大学出版局.

ブキャナン, ジェームズ・M.／ゴードン・タロック（1979）『公共選択の理論——合意の経済論理』宇田川璋仁監訳, 東洋経済新報社.

プラトン（1979）『国家 上』藤沢令夫訳, 岩波文庫.

ブレナン, ジェフリー／ジェームズ・M. ブキャナン（1989）『立憲的政治経済学の方法論——ルールの根拠』深沢実監訳, 文眞堂.

ベンサム, ジェレミー（1979）「道徳および立法の諸原理序説」『世界の名著 49』山下重一訳, 中央公論新社, 69-210 頁.

マーチ, ジェームス・G. ／ヨハン・P. オルセン（1994）『やわらかな制度——あいま

い理論からの提言』遠田雄志訳，日刊工業新聞社.

マッカビンズ，マッシュー・D./マイケル・F.シース他 (1996)「特集 合理的選択理論とその批判」『レヴァイアサン』19 号，5-125 頁.

山脇直司・押村高編 (2010)『アクセス公共学』日本経済評論社.

ルソー (1954)『社会契約論』桑原武夫・前川貞次郎訳，岩波文庫.

Tullock, Gordon (1984). "A (Partial) Rehabilitation of the Public Interest Theory." *Public Choice* 42/1: 89-99.

第 3 章　自由主義：個人はなぜ政府を必要とするか

オークショット，マイケル (2007)『リヴァイアサン序説』中金聡訳，法政大学出版局.

サミュエルソン，ポール・A. (1991)『サミュエルソン経済学体系 7――厚生および公共経済学』篠原三代平・佐藤隆三責任編集，勁草書房.

シュトラウス，レオ (2013)『自然権と歴史』塚崎智・石崎嘉彦訳，ちくま学芸文庫.

スミス，アダム (2000a)『国富論 1』水田洋監訳，杉山忠平訳，岩波文庫.

スミス，アダム (2000b)『国富論 2』水田洋監訳，杉山忠平訳，岩波文庫.

盛山和夫・海野道郎編 (1991)『秩序問題と社会的ジレンマ』ハーベスト社.

高木八尺・末延三次・宮沢俊義編 (1957)『人権宣言集』岩波文庫.

テーラー，マイケル (1995)『協力の可能性――協力，国家，アナーキー』松原望訳，木鐸社.

土場学・篠木幹子編 (2008)『個人と社会の相克――社会的ジレンマ・アプローチの可能性』ミネルヴァ書房.

トレヴェリアン，G.M. (1978)『イングランド革命――1688-1689』松村赳訳，みすず書房.

パーソンズ，タルコット (1976)『社会的行為の構造 1』稲上毅・厚東洋輔訳，木鐸社.

ハーディン，ガレット (1975)「共有地の悲劇」『地球に生きる倫理――宇宙船ビーグル号の旅から』松井巻之助訳，佑学社，247-263 頁.

ピグウ (1953)『厚生経済学 1』気賀健三訳者代表，東洋経済新報社.

ヒューム，デイヴィッド (1982)「原始契約について」『市民の国について 上』小松茂夫訳，岩波文庫，126-154 頁.

ブキャナン，ジェームズ・M. (1974)『公共財の理論――公共財の需要と供給』山之内光躬・日向寺純雄訳，文眞堂.

ブリュア，ジョン (2003)『財政=軍事国家の衝撃――戦争・カネ・イギリス国家 1688-1783』大久保桂子訳，名古屋大学出版会.

ホッブズ，トマス (1992a)『リヴァイアサン 1』水田洋訳，岩波文庫.

ホッブズ，トマス (1992b)『リヴァイアサン 2』水田洋訳，岩波文庫.

マスグレイヴ (1961)『財政理論――公共経済の研究 1』大阪大学財政研究会訳，有斐閣.

マンデヴィル，バーナード (2019)『新訳 蜂の寓話――私悪は公益なり』鈴木信雄訳，

日本経済評論社.

第4章　民主主義：人民の舵取りはどこに向かうか

アロー，ケネス・J.（2013）『社会的選択と個人的評価　第3版』長名寛明訳，勁草書房.

内山融・伊藤武・岡山裕編（2012）『専門性の政治学──デモクラシーとの相克と和解』ミネルヴァ書房.

カプラン，ブライアン（2009）『選挙の経済学──投票者はなぜ愚策を選ぶのか』長峯純一・奥井克美監訳，日経BP社.

コールマン，ジェームズ（2006）『社会理論の基礎　下』久慈利武監訳，青木書店.

坂井豊貴（2015）『多数決を疑う──社会的選択理論とは何か』岩波新書.

ソミン，イリヤ（2016）『民主主義と政治的無知──小さな政府の方が賢い理由』森村進訳，信山社.

ダウンズ，アンソニー（1980）『民主主義の経済理論』古田精司監訳，成文堂.

高木八尺・末延三次・宮沢俊義編（1957）『人権宣言集』岩波文庫.

トクヴィル（2005）『アメリカのデモクラシー　1下』松本礼二訳，岩波文庫.

中村義孝編訳（2003）『フランス憲法史集成』法律文化社.

ブキャナン，ジェームズ・M.／ゴードン・タロック（1979）『公共選択の理論──合意の経済論理』宇田川璋仁監訳，東洋経済新報社.

水島治郎（2016）『ポピュリズムとは何か──民主主義の敵か，改革の希望か』中公新書.

ミュデ，カス／クリストバル・ロビラ・カルトワッセル（2018）『ポピュリズム──デモクラシーの友と敵』永井大輔・髙山裕二訳，白水社.

ミュラー，ヤン゠ヴェルナー（2017）『ポピュリズムとは何か』板橋拓己訳，岩波書店.

ミル，ジョン・スチュアート（1997）『代議制統治論』水田洋訳，岩波文庫.

ルソー（1954）『社会契約論』桑原武夫・前川貞次郎訳，岩波文庫.

レイプハルト，アレンド（2014）『民主主義対民主主義──多数決型とコンセンサス型の36カ国比較研究　原著第2版』粕谷祐子・菊池啓一訳，勁草書房.

ロールズ，ジョン／サミュエル・フリーマン編（2020）『ロールズ政治哲学史講義　1』齋藤純一・佐藤正志・山岡龍一・谷澤正嗣・髙山裕二・小田川大典訳，岩波現代文庫.

Brennan, Jason (2016). *Against Democracy*. Princeton: Princeton University Press.

Runciman, W. G. and Amartya Sen (1965). "Games, Justice and the General Will." *Mind* 74/296: 554-562.

第5章　権力分立：ケーキを公平に切り分ける方法

犬塚元（2008）「拡散と融解のなかの『家族的類似性』──ポーコック以後の共和主義思想史研究 1975-2007」『社会思想史研究』32号，54-65頁.

岩井奉信（1990）『「政治資金」の研究──利益誘導の日本的政治風土』日本経済新聞社.

ヴェーバー，マックス（1972）『社会学の根本概念』清水幾太郎訳，岩波文庫．

高木八尺・末延三次・宮沢俊義編（1957）『人権宣言集』岩波文庫．

ハーツ，ルイス（1994）『アメリカ自由主義の伝統——独立革命以来のアメリカ政治思想の一解釈』有賀貞訳，講談社学術文庫．

バトラー＝ボードン，トム（2016）『世界の政治思想50の名著——エッセンスを論じる』大間知知子訳，ディスカヴァー・トゥエンティワン．

ハリントン（1962）「オシアナ」田中浩訳『世界大思想全集　社会・宗教・科学思想篇2』河出書房新社，227-289頁．

ハンチントン，サミュエル（1972）『変革期社会の政治秩序　上』内山秀夫訳，サイマル出版会．

フィスマン，レイ／ミリアム・A. ゴールデン（2019）『コラプション——なぜ汚職は起こるのか』山形浩生・守岡桜訳，慶應義塾大学出版会．

ポーコック，J.G.A.（2008）『マキァヴェリアン・モーメント——フィレンツェの政治思想と大西洋圏の共和主義の伝統』田中秀夫・奥田敬・森岡邦泰訳，名古屋大学出版会．

ミュルダール，グンナー（1974）『アジアのドラマ——諸国民の貧困の一研究　上』板垣與一監訳，東洋経済新報社．

モンテスキュー（1989）『法の精神　上』野田良之他訳，岩波文庫．

ラスウェル，ハロルド・D.（1955）『人間と政治』加藤正泰訳，岩崎書店．

ラスウェル，ハロルド・D.（1961）『権力と人間』永井陽之助訳，東京創元社．

ラスウェル，ハロルド・D. ／エイブラハム・カプラン（2013）『権力と社会——政治研究の枠組』堀江湛・加藤秀治郎・永山博之訳，芦書房．

ロック，ジョン（2010）『完訳　統治二論』加藤節訳，岩波文庫．

第6章　議会：世論受けするだけが政治家の仕事か

東浩紀（2015）『一般意志2.0——ルソー，フロイト，グーグル』講談社文庫．

アリストテレス（2001）『政治学』牛田徳子訳，京都大学学術出版会．

大山礼子（2011）『日本の国会——審議する立法府へ』岩波新書．

加藤一彦（2009）『議会政治の憲法学』日本評論社．

久米郁男（2001）「竹下登——保守党政治完成者の不幸」渡邉昭夫編『戦後日本の宰相たち』中公文庫，449-468頁．

ケルゼン，ハンス（2015）『民主主義の本質と価値　他一篇』長尾龍一・植田俊太郎訳，岩波文庫．

佐野亘（2018）「妥協を正しく位置づける」村田和代編『話し合い研究の多様性を考える』ひつじ書房，191-209頁．

シィエス（2011）『第三身分とは何か』稲本洋之助・伊藤洋一・川出良枝・松本英実訳，岩波文庫．

篠原一編（2012）『討議デモクラシーの挑戦——ミニ・パブリックスが拓く新しい政

治』岩波書店.

シュミット, カール (2015)『現代議会主義の精神史的状況 他一篇』樋口陽一訳, 岩波文庫.

高木八尺・末延三次・宮沢俊義編 (1957)『人権宣言集』岩波文庫.

竹中治堅 (2010)『参議院とは何か——1947-2010』中央公論新社.

中村義孝編訳 (2003)『フランス憲法史集成』法律文化社.

バーチ, アンソニー・H. (1972)『代表——その理論と歴史』河合秀和訳, 福村出版.

早川誠 (2014)『代表制という思想』風行社.

ポルスビー, ネルソン・W. (2015)「立法府」加藤秀治郎・水戸克典編『議会政治 第3版』慈学社出版, 88-177 頁.

宮澤俊義／芦部信喜補訂 (1978)『全訂 日本国憲法』日本評論社.

山崎望・山本圭編 (2015)『ポスト代表制の政治学——デモクラシーの危機に抗して』ナカニシヤ出版.

ルソー (1954)『社会契約論』桑原武夫・前川貞次郎訳, 岩波文庫.

レイブルック, ダーヴィッド・ヴァン (2019)『選挙制を疑う』岡﨑晴輝／ディミトリ・ヴァンオーヴェルベーク訳, 法政大学出版局.

第7章　執政部：国王の代役を担った政治の幹部職

アッカーマン, ブルース (2008)「次のテロ攻撃の翌朝に」川岸令和編『立憲主義の政治経済学』東洋経済新報社, 77-111 頁.

飯尾潤 (2007)『日本の統治構造——官僚内閣制から議院内閣制へ』中公新書.

イグナティエフ, マイケル (2011)『許される悪はあるのか？——テロの時代の政治と倫理』添谷育志・金田耕一訳, 風行社.

伊藤光利編 (2008)『政治的エグゼクティヴの比較研究』早稲田大学出版部.

岩崎正洋 (2019)「日本における政治の大統領制化」岩崎正洋編『大統領制化の比較政治学』ミネルヴァ書房, 234-263 頁.

内山融 (2007)『小泉政権——「パトスの首相」は何を変えたのか』中公新書.

大石眞・久保文明・佐々木毅・山口二郎編 (2002)『首相公選を考える——その可能性と問題点』中公新書.

大嶽秀夫 (2003)『日本型ポピュリズム——政治への期待と幻滅』中公新書.

阪本昌成 (2011)『憲法 1——国制クラシック 全訂第3版』有信堂高文社.

佐藤幸治 (2011)『日本国憲法論』成文堂.

曽我謙悟 (2019)『日本の地方政府——1700 自治体の実態と課題』中公新書.

ダイシー, アルバート・V. (1983)『憲法序説』伊藤正己・田島裕訳, 学陽書房.

建林正彦・曽我謙悟・待鳥聡史 (2008)『比較政治制度論』有斐閣.

辻陽 (2019)『日本の地方議会——都市のジレンマ, 消滅危機の町村』中公新書.

橋爪大三郎 (2014)『国家緊急権』NHK 出版.

バジョット, ウォルター (2011)『イギリス憲政論』小松春雄訳, 中公クラシックス.

長谷部恭男・石田勇治（2017）『ナチスの「手口」と緊急事態条項』集英社新書．

ポグントケ，トマス／ポール・ウェブ編（2014）『民主政治はなぜ「大統領制化」するのか——現代民主主義国家の比較研究』岩崎正洋監訳，ミネルヴァ書房．

ポリュビオス（2007）『歴史 2』城江良和訳，京都大学学術出版会．

待鳥聡史（2015）『代議制民主主義——「民意」と「政治家」を問い直す』中公新書．

吉村正編（1962）『首相公選論——その主張と批判』弘文堂．

ロザンヴァロン，ピエール（2020）『良き統治——大統領制化する民主主義』古城毅・赤羽悠・安藤裕介・稲永祐介・永見瑞木・中村督訳，みすず書房．

ロック，ジョン（2010）『完訳 統治二論』加藤節訳，岩波文庫．

第 8 章　官僚：誰に「忖度」するのが行政の役割か

アルブロウ，マーティン（1974）『官僚制——管理社会と国家の核心』君村昌訳，福村出版．

飯尾潤（2007）『日本の統治構造——官僚内閣制から議院内閣制へ』中公新書．

ウィルソン，ウッドロウ（1996）「行政の研究」ジェームズ・ファ／レイモンド・セイデルマン編『アメリカ政治学の展開——学説と歴史』本田弘・藤原孝翻訳代表，サンワコーポレーション，51-74 頁．

ヴェーバー，マックス（1980）『職業としての政治』脇圭平訳，岩波文庫．

ヴェーバー，マックス（1982）「新秩序ドイツの議会と政府——官僚と政党への政治的批判」『政治論集 2』中村貞二・山田高生・脇圭平・嘉目克彦訳，みすず書房，333-486 頁．

ウェーバー，マックス（2012）『権力と支配』濱嶋朗訳，講談社学術文庫．

サイモン，ハーバート・A.（2009）『新版 経営行動——経営組織における意思決定過程の研究』二村敏子・桑田耕太郎・高尾義明・西脇暢子・高柳美香訳，ダイヤモンド社．

清水唯一朗（2013）『近代日本の官僚——維新官僚から学歴エリートへ』中公新書．

ジョンソン，チャルマーズ（2018）『通産省と日本の奇跡——産業政策の発展 1925-1975』佐々田博教訳，勁草書房．

城山三郎（2002）『官僚たちの夏 改版』新潮文庫．

新藤宗幸（2012）『政治主導——官僚制を問いなおす』ちくま新書．

新藤宗幸（2019）『官僚制と公文書——改竄，捏造，忖度の背景』ちくま新書．

辻清明（1969）『新版 日本官僚制の研究』東京大学出版会．

野口雅弘（2018）『忖度と官僚制の政治学』青土社．

ヘーゲル（2001）『法の哲学 2』藤野渉・赤沢正敏訳，中公クラシックス．

松下圭一（2009）『国会内閣制の基礎理論——松下圭一法学論集』岩波書店．

真渕勝（1987）「現代官僚の『公益』観——サーベイ・データの分析から」『季刊行政管理研究』40 号，13-24 頁．

真渕勝（1995）「官僚制の後退？——現代官僚の『公益』観 再論」『組織科学』28 巻

3 号，26-36 頁．

真渕勝（2004）「官僚制の変容——萎縮する官僚」『レヴァイアサン』34 号，20-38 頁．

村松岐夫（1981）『戦後日本の官僚制』東洋経済新報社．

Schubert, Glendon (1960). *The Public Interest: A Critique of the Theory of a Political Concept*. Glencoe: Free Press.

Truman, David B. (1971). *The Governmental Process: Political Interests and Public Opinion*, 2nd ed. New York: Alfred A. Knopf.

第 9 章　選挙：1 人 1 票で民意をどこまで測れるか

ヴァン・デン・ドゥール，H.（1983）『政治プロセスの経済学——民主主義における政治家・官僚・市民の政策決定』加藤寛監訳，文眞堂．

粕谷祐子（2015）「『一票の格差』をめぐる規範理論と実証分析——日本での議論は何が問題なのか」『年報政治学』2015-I 号，90-117 頁．

小松浩（2004）「『マニフェスト』・『マンデイト』論考」『神戸学院法学』34 巻 1 号，125-141 頁．

佐伯胖（2018）『「きめ方」の論理——社会的決定理論への招待』ちくま学芸文庫．

坂井豊貴（2015）『多数決を疑う——社会的選択理論とは何か』岩波新書．

曽根泰教（1984）『決定の政治経済学——その理論と実際』有斐閣．

田中善一郎（2008）「マニフェストとマンデート」『選挙』61 巻 11 号，1-6 頁．

ダール，ロバート・A.（1970）『民主主義理論の基礎』内山秀夫訳，未來社．

ブキャナン，ジェームズ・M.／ゴードン・タロック（1979）『公共選択の理論——合意の経済論理』宇田川璋仁監訳，東洋経済新報社．

ミル，ジェームズ（1983）『教育論・政府論』小川晃一訳，岩波文庫．

ライカー，ウィリアム・H.（1991）『民主的決定の政治学——リベラリズムとポピュリズム』森脇俊雅訳，芦書房．

Campbell, Angus, Philip E. Converse, Warren E. Miller and Donald E. Stokes (1960). *The American Voter*. New York: John Wiley & Sons.

Fiorina, Morris P. (1981). *Retrospective Voting in American National Elections*. New Haven: Yale University Press.

第 10 章　政党：個人商店に留まらない組織化の論理

岩井奉信（1988）『立法過程』東京大学出版会．

岩崎正洋（2020）『政党システム』日本経済評論社．

サルトーリ，ジョヴァンニ（2000）『現代政党学——政党システム論の分析枠組み 普及版』岡沢憲芙・川野秀之訳，早稲田大学出版部．

砂原庸介（2015）『民主主義の条件』東洋経済新報社．

砂原庸介（2017）『分裂と統合の日本政治——統治機構改革と政党システムの変容』千倉書房．

高安健将（2018）『議院内閣制——変貌する英国モデル』中公新書.

竹中治堅（2006）『首相支配——日本政治の変貌』中公新書.

建林正彦（2017）『政党政治の制度分析——マルチレベルの政治競争における政党組織』千倉書房.

デュベルジェ，モーリス（1970）『政党社会学——現代政党の組織と活動』岡野加穂留訳，潮出版社.

バーク，エドマンド（2000a）「現代の不満の原因を論ず」『バーク政治経済論集——保守主義の精神』中野好之編訳，法政大学出版局，5-86 頁.

バーク，エドマンド（2000b）「植民地との和解決議の提案についての演説」『バーク政治経済論集——保守主義の精神』中野好之編訳，法政大学出版局，167-237 頁.

樋口陽一（1973）『議会制の構造と動態』木鐸社.

福元健太郎（2000）『日本の国会政治——全政府立法の分析』東京大学出版会.

ベァワルド，ハンス・H.（1989）『日本人と政治文化』橋本彰・中邨章訳，人間の科学社.

升味準之輔（1964）「1955 年の政治体制」『思想』480 号，55-72 頁.

増山幹高（2003）『議会制度と日本政治——議事運営の計量政治学』木鐸社.

待鳥聡史（2015）『政党システムと政党組織』東京大学出版会.

水崎節文・森裕城（1998）「得票データからみた並立制のメカニズム」『選挙研究』13 号，50-59 頁.

吉田徹（2016）『「野党」論——何のためにあるのか』ちくま新書.

ラムザイヤー，マーク／フランシス・ローゼンブルース（1995）『日本政治の経済学——政権政党の合理的選択』加藤寛監訳，弘文堂.

ラムザイヤー，マーク／フランシス・ローゼンブルース（2006）『日本政治と合理的選択——寡頭政治の制度的ダイナミクス 1868-1932』河野勝監訳，勁草書房.

リード，スティーブン・R.（1997）「中選挙区における M + 1 法則」『総合政策研究』2 号，235-244 頁.

リード，スティーブン・R.（2003）「並立制における小選挙区候補者の比例代表得票率への影響」『選挙研究』18 号，5-11 頁.

第 11 章　団体：カネとフダは社会全体を良くするか

青木昌彦（1992）『日本経済の制度分析——情報・インセンティブ・交渉ゲーム』永易浩一訳，筑摩書房.

オルソン，マンサー（1996）『集合行為論——公共財と集団理論 新装版』依田博・森脇俊雅訳，ミネルヴァ書房.

上林良一（1976）『圧力団体論 増訂版』有斐閣.

シャットシュナイダー，E.E.（1972）『半主権人民』内山秀夫訳，而立書房.

シュミッター，フィリップ・C.（1984）「いまもなおコーポラティズムの世紀なのか？」フィリップ・C.シュミッター／ゲルハルト・レームブルッフ編『現代コーポラテ

ィズム 1――団体統合主義の政治とその理論』山口定監訳, 木鐸社, 23-100 頁.

ジンメル, ゲオルク (2011)『社会的分化論――社会学的・心理学的研究』石川晃弘・鈴木春男訳, 中公クラシックス.

田口富久治 (1969)『社会集団の政治機能』未來社.

辻中豊 (1985)「ベントリー政治過程論の成立・挫折・転回」安部博純・石川捷治編『危機の政治学――ファシズム論と政治過程』昭和堂, 155-239 頁.

デュルケーム, エミール (2017)『社会分業論』田原音和訳, ちくま学芸文庫.

トリソン, ロバート／ロジャー・コングレトン編 (2002)『レントシーキングの経済理論』加藤寛監訳, 勁草書房.

ハミルトン, アレクサンダー／ジョン・ジェイ／ジェームズ・マディソン (1999)『ザ・フェデラリスト』斎藤眞・中野勝郎訳, 岩波文庫.

フィスマン, レイ／ミリアム・A. ゴールデン (2019)『コラプション――なぜ汚職は起こるのか』山形浩生・守岡桜訳, 慶應義塾大学出版会.

ベントリー, アーサー・F. (1994)『統治過程論――社会圧力の研究』喜多靖郎・上林良一訳, 法律文化社.

ペンペル, T.J.／恒川恵市 (1984)「労働なきコーポラティズムか――日本の奇妙な姿」フィリップ・C. シュミッター／ゲルハルト・レームブルッフ編『現代コーポラティズム 1――団体統合主義の政治とその理論』山口定監訳, 木鐸社, 239-293 頁.

村松岐夫 (1981)『戦後日本の官僚制』東洋経済新報社.

村松岐夫・伊藤光利・辻中豊 (1986)『戦後日本の圧力団体』東洋経済新報社.

レイプハルト, アレンド (2014)『民主主義対民主主義――多数決型とコンセンサス型の 36 カ国比較研究 原著第 2 版』粕谷祐子・菊池啓一訳, 勁草書房.

Evans, Peter, Dietrich Rueschemeyer and Theda Skocpol (eds.) (1985). *Bringing the State Back In*. New York: Cambridge University Press.

Hardin, Russell (1982). *Collective Action*. Baltimore: Johns Hopkins University Press.

Truman, David B. (1971). *The Governmental Process: Political Interests and Public Opinion*, 2nd ed. New York: Alfred A. Knopf.

Tuck, Richard (2008). *Free Riding*. Cambridge, MA: Harvard University Press.

第 12 章 中央地方関係：地域の声をどう汲みとるか

天川晃 (1985)「地方自治制度の再編成――戦時から戦後へ」『年報政治学』1984 年度, 205-229 頁.

天川晃 (1986)「変革の構想――道州制論の文脈」大森彌・佐藤誠三郎編『日本の地方政府』東京大学出版会, 111-137 頁.

エプステイン, リチャード・A. (2000)『公用収用の理論――公法私法二分論の克服と統合』松浦好治監訳, 木鐸社.

木村草太 (2010)「〈国民〉と〈住民〉――〈基礎的自治体〉の憲法論」『自治総研』

木村草太（2010）「〈国民〉と〈住民〉——〈基礎的自治体〉の憲法論」『自治総研』
　　377 号，49-72 頁．

河野武司・岩崎正洋編（2004）『利益誘導政治——国際比較とメカニズム』芦書房．

小林良彰（1997）『現代日本の政治過程——日本型民主主義の計量分析』東京大学出
　　版会．

斉藤淳（2010）『自民党長期政権の政治経済学——利益誘導政治の自己矛盾』勁草書房．

佐藤主光（2009）『地方財政論入門』新世社．

杉原泰雄他編（2003）『資料 現代地方自治——「充実した地方自治」を求めて』勁草
　　書房．

ダール，ロバート・A.（1970）『民主主義理論の基礎』内山秀夫訳，未來社．

土居丈朗（2000）『地方財政の政治経済学』東洋経済新報社．

トクヴィル（2005）『アメリカのデモクラシー 1 上』松本礼二訳，岩波文庫．

トクヴィル（2008）『アメリカのデモクラシー 2 上』松本礼二訳，岩波文庫．

広瀬道貞（1993）『補助金と政権党』朝日文庫．

ブキャナン，ジェームズ・M.／ゴードン・タロック（1979）『公共選択の理論——合
　　意の経済論理』宇田川璋仁監訳，東洋経済新報社．

防衛庁編（1995）『防衛白書 平成 7 年版』大蔵省印刷局．

宮澤俊義／芦部信喜補訂（1978）『全訂 日本国憲法』日本評論社．

村松岐夫（1988）『地方自治』東京大学出版会．

第 13 章　国際関係：各国が自国第一なのは当然か

アクセルロッド，ロバート（1998）『つきあい方の科学——バクテリアから国際関係
　　まで』松田裕之訳，ミネルヴァ書房．

ウェント，アレクサンダー（2002）「国際政治における四つの社会学」『修道法学』三
　　上貴教訳，25 巻 1 号，268-334 頁．

ウォルツ，ケネス（2010）『国際政治の理論』河野勝・岡垣知子訳，勁草書房．

大矢根聡編（2013）『コンストラクティヴィズムの国際関係論』有斐閣．

グローバル・ガバナンス委員会（1995）『地球リーダーシップ——新しい世界秩序を
　　めざして』京都フォーラム監訳，NHK 出版．

コヘイン，ロバート（1998）『覇権後の国際政治経済学』石黒馨・小林誠訳，晃洋書房．

ダスグプタ，パーサ（2008）『経済学』植田和弘・山口臨太郎・中村裕子訳，岩波書店．

テーラー，マイケル（1995）『協力の可能性——協力，国家，アナーキー』松原望訳，
　　木鐸社．

ブル，ヘドリー（2000）『国際社会論——アナーキカル・ソサイエティ』臼杵英一訳，
　　岩波書店．

ホッブズ，トマス（1992）『リヴァイアサン 2』水田洋訳，岩波文庫．

リカードウ（1987）『経済学および課税の原理 上』羽鳥卓也・吉沢芳樹訳，岩波文庫．

渡辺昭夫・土山實男編（2001）『グローバル・ガヴァナンス——政府なき秩序の模索』

東京大学出版会.

Grieco, Joseph M. (1988). "Anarchy and the Limits of Cooperation: A Realist Critique of the Newest Liberal Institutionalism." *International Organization* 42/3: 485–507.

Hobbes, Thoma (1676). *Leviathan, sive de materia, forma, et potestate civitatis ecclesiasticæ et civilis.* Londini: Apud Johannem Tomsoni.

Matsumoto, Masakazu (2020). "Amoral Realism or Just War Morality? Disentangling Different Conceptions of Necessity." *European Journal of International Relations* 26/4: 1084–1105.

Snidal, Duncan (1991). "Relative Gains and the Pattern of International Cooperation." *American Political Science Review* 85/3: 701–726.

索引

著者紹介

松元 雅和
（まつもと まさかず）

日本大学法学部教授．1978 年生まれ．慶應義塾大学大学院法学研究科博士課程修了．博士（法学）．島根大学，関西大学経て，2020年 4 月から現職．

専攻：政治哲学，政治理論．

著書に『平和主義とは何か――政治哲学で考える戦争と平和』（中公新書，2013 年，第 35 回石橋湛山賞），『応用政治哲学――方法論の探究』（風行社，2015 年），『ここから始める政治理論』（共著，有斐閣，2017 年）など．

公共の利益とは何か

公と私をつなぐ政治学 ［シリーズ政治の現在］

2021 年 4 月 15 日　第 1 刷発行

定価（本体 3000 円＋税）

著　者　松　元　雅　和

発 行 者　柿　﨑　　　均

発 行 所　株式会社 日本経済評論社

〒101-0062 東京都千代田区神田駿河台 1-7-7
電話 03-5577-7286　FAX 03-5577-2803
E-mail：info8188@nikkeihyo.co.jp
振替 00130-3-157198

装丁・渡辺美知子　　　印刷・文昇堂／製本・根本製本

落丁本・乱丁本はお取り換え致します　　Printed in Japan

© MATSUMOTO Masakazu 2021

ISBN978-4-8188-2584-0 C1311

グローバル・ヒストリーと国際法

C.H. アレクサンドロヴィッチ著／D. アーミテイジ・J. ピッツ編
大中，佐藤，池田，幡新，苅谷，千知岩，周 訳　本体 6500 円

政党システム

岩崎正洋著　本体 2600 円

新版 現代政治理論

W. キムリッカ著
［第 7 刷］訳者代表 千葉眞・岡﨑晴輝訳　本体 4500 円

［シリーズ政治の現在］

自治のどこに問題があるのか：実学の地方自治論

野田遊　本体 3000 円

変化する世界をどうとらえるか：国際関係論で読み解く

杉浦功一　本体 3000 円

公共の利益とは何か：公と私をつなぐ政治学

松元雅和　本体 3000 円

〈以下続刊〉

自由を考える：西洋政治思想史

杉本竜也

戦争と民主主義の国際政治学

宮脇昇

日本経済評論社